Computer Bild

Prinz & Erle

Google Android leicht gemacht

ullstein

Zu diesem Buch

Telefonieren leicht gemacht: Wer hätte vor 50 Jahren, als Fernsprecher noch ein Bakelitgehäuse und einen schweren Hörer in Knochenform hatten, geglaubt, dass Telefonratgeber einst von Nutzen sein würden? Bei der Bedienung der Wählscheibe hatte fast jeder gleich den Dreh raus. Und als in den 80er-Jahren Tastentelefone in Moosgrün und Orange die Interieurs belebten, gab einem jeder Knopfdruck das Gefühl, kommunikativ auf der Höhe der Zeit zu sein. Ja, Telefonieren war damals ein haptischer Genuss.

Heute, da sich Wähltastaturen meist auf eine Anzeige des berührungsempfindlichen Displays reduzieren, hat die Kommunikation einen ganz anderen Stellenwert gewonnen. Die sogenannten Smartphones halten ununterbrochen Verbindung: Nicht nur, dass ihr Besitzer stets erreichbar sein kann, er hat auch so gut wie alles, was die Online-Welt bietet, stets in der Tasche. Und so wundert es nicht, dass eines der erfolgreichsten Betriebssysteme für Mobiltelefone von Google kommt, also jener Firma, die heute unumstrittener Spezialist für das Suchen und Finden im Internet ist.

Android-Geräte sind tatsächlich viel mehr als Telefone, ja, sie sind mit dem ursprünglichen Fernsprecher weniger verwandt als mit Multimediacomputern. Mit einem Android-Telefon surfen Sie durchs Internet, rufen Ihre aktuellen E-Mails ab, verwalten Kalender, treffen Verabredungen und haben gleich noch ihr gesamtes Adressbuch dabei. Sie hören Musik, lassen sich durch den Verkehr leiten und kaufen weitere Programme – Apps genannt – online ein, falls Ihnen bei der reichen Palette der Anwendungen etwas fehlen sollte.

Beinahe scheint es, als wäre die Möglichkeit, ein Gespräch von Mensch zu Mensch zu führen, nicht mehr als eine weitere Beigabe. Doch keine Angst: Bei allen Funktionen steht die persönliche Kommunikation weiterhin im Vordergrund. Die Dimensionen wachsen einfach ebenso wie die Zahl der Mobiltelefone, die mit Google Android ausgeliefert werden. All diese Geräte – übrigens auch die neuen Android-Tablets – haben Sie mit diesem Buch und den gewohnten Schritt-für-Schritt-Anleitungen von COMPUTER BILD fest im Griff: So einfach kann Verstehen sein.

1 Ein Google-Konto für Android anlegen

Android ist ein mobiles **Betriebssystem**, das von Google, dem bekannten Suchmaschinenanbieter, entwickelt wurde. Im Gegensatz zu vielen anderen hat es aber eine Besonderheit: Die Daten, die Sie auf Ihrem mobilen Gerät eingeben, werden nicht direkt mit Ihrem Rechner zu Hause abgeglichen, sondern mit Google selbst. Google bietet einen großen Speicher im **Internet**, der kostenlos genutzt werden kann und mit dem Ihr Android-Gerät eine direkte Verbindung aufbauen kann. Der Vorteil: Auch wenn Sie Ihr Gerät einmal verlieren, auch wenn die Festplatte Ihres Rechners zu Hause mal defekt sein sollte - Ihre Daten sind bei Google sicher gespeichert.

Im ersten Kapitel dieses Buches erfahren Sie,

- wie Sie ein neues Google-Konto anlegen,
- wie Sie sich dort an- und abmelden
- und wie Sie eine Google-E-Mail-Adresse bekommen.

Kapitel-Wegweiser

Ein Google-Konto anlegen

Um die Dienste von Google im Internet nutzen zu können, müssen Sie ein kostenloses Konto bei Google anlegen. Stellen Sie sich das einfach so vor: Sie gehen zu Ihrer Bank und wollen dort ein Konto für Ihr Erspartes eröffnen. In diesem Zusammenhang fragt die Bank von Ihnen eine Vielzahl von Informationen ab, stellt sicher, dass Sie wirklich Sie sind, und sichert Ihnen dann zu, dass Ihr Geld und Ihre Daten sicher und vertraulich aufbewahrt werden.

Das Internetzugriffsprogramm starten

Da der Internet Explorer von Microsoft fester Bestandteil eines jeden Rechners mit Windows als Betriebsprogramm ist, wird er für den Zugang zum Internet am häufigsten verwendet - und daher auch im Folgenden beispielhaft vorgestellt. Alternativ gibt es auch andere Programme, die diese Aufgabe erfüllen (wie beispielsweise Mozilla Firefox oder Opera oder Chrome). Diese müssen allerdings zusätzlich installiert werden.

Sollten Sie einen alternativen **Browser** benutzen, kann sich die folgende Beschreibung leicht von der Vorgehensweise auf Ihrem Rechner unterscheiden. Bei allen Abbildungen wird vorausgesetzt, dass Sie die aktuellste Version des Microsoft-Betriebsprogramms, Windows 7, installiert haben. Ebenso muss die Internetverbindung bereits eingerichtet und der Rechner mit dem Internet verbunden sein.

1 Klicken Sie als Erstes auf das Windows-Startsymbol unten links

und anschließend im sich öffnenden Startmenü auf

.

Sind die Daten sicher?

Bei dem einen oder anderen Anwender macht sich ein mulmiges Gefühl in der Magengegend breit, wenn es um das Speichern von persönlichen Daten im Internet geht. Besonders Google wird immer wieder als Paradebeispiel für ausuferndes Datensammeln im Internet angeführt. Das bezieht sich allerdings auf die Suchen im Internet, die Sie mit der ebenfalls von Google betriebenen **Suchmaschine** durchführen und bei denen in der Tat Daten gesammelt werden. Demgegenüber ist das Speichern Ihrer Kontakt- und Termindaten bei Google nicht gefährlicher als die Speicherung bei anderen Diensten im Internet.

Daraufhin startet der Internet Explorer und lädt automatisch die eingestellte Startseite, bei den meisten Rechnern die Microsoft-eigene Informationsseite: .

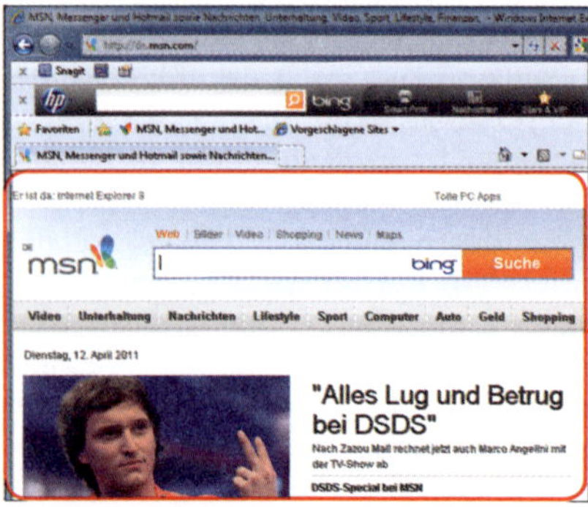

2 Als Nächstes klicken Sie oben im Fenster in die Adresszeile, sodass die aktuelle Internetadresse blau hinterlegt beziehungsweise markiert wird: .

■ Sollte dies nicht der Fall sein, markieren Sie sie, indem Sie den Mauszeiger vor den ersten Buchstaben des Adressfeldes bewegen, klicken, die Maustaste gedrückt halten und die Maus dann mit weiterhin gedrückter Maustaste so weit nach rechts ziehen, bis die Adresse komplett blau hinterlegt ist.

3 Tippen Sie jetzt in die Adresszeile die Internetadresse **http://www.google.de** ein, bevor Sie rechts davon auf

klicken. Daraufhin wird die offizielle Google-Internetseite geladen.

Ein neues Konto anlegen

1 Nachdem Sie Ihr Internetzugriffsprogramm gestartet haben, klicken Sie als Erstes oben rechts im Fenster auf

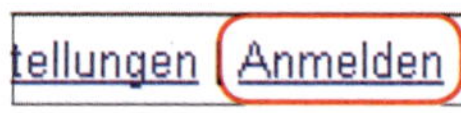

und anschließend auf den Befehl .

Daraufhin wird die Google-Anmeldeseite geladen:

2 Damit Google weiß, dass Sie wirklich existieren (und nicht nur ein Internet-Roboter sind), benötigen Sie eine bereits vorhandene **E-Mail**-Adresse. Klicken Sie in das dafür vorgesehene Eingabefeld ●,

und tippen Sie die Adresse ein. Legen Sie nun ein Passwort für Ihr Google-Konto fest, und geben Sie es nach einem Mausklick auf ●

über die Tastatur ein.

Punkte statt Zeichen?

Wundern Sie sich nicht: Wenn Sie das Pass- beziehungsweise Kennwort eingeben oder bestätigen, erscheinen auf dem Bildschirm anstatt der getippten Zeichen nur Punkte.

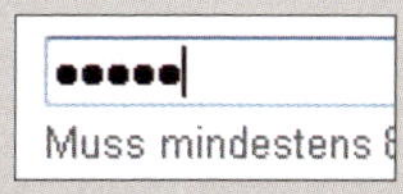

Dies ist kein Fehler, sondern dient Ihrem Schutz: Falls Ihnen bei der Passwort-Eingabe jemand über die Schultern schauen sollte, um Ihr Kennwort auszuspionieren, hat er Pech.

Passwortstärke und Bedienkomfort

So schön es ist, durch ein sicheres Passwort davor geschützt zu sein, dass jemand Unberechtigtes auf Ihr Konto zugreifen kann – eines sollten Sie bedenken: Je raffinierter Ihr Passwort ist, desto schwerer können Sie es sich merken. Und so behilft sich manch einer damit, es einfach aufzuschreiben … was die vermeintliche Sicherheit natürlich wieder verringert. Wählen Sie daher einen Mittelweg zwischen Sicherheit und Bedienkomfort, auch wenn das Passwort von Google dann vielleicht nur als „gut" beurteilt wird.

■ Das Passwort muss mindestens acht Zeichen umfassen und sollte möglichst Groß- und Kleinbuchstaben, Ziffern und Sonderzeichen enthalten. Bereits bei der Eingabe prüft Google, wie „stark" (im Sinne von sicher und nicht zu erraten) es ist. Wenn Sie beispielsweise nur Kleinbuchstaben verwenden, wird das Passwort als ●

eingestuft. Ein Kennwort, das wie oben beschrieben komplexer ist, wird hingegen als ●

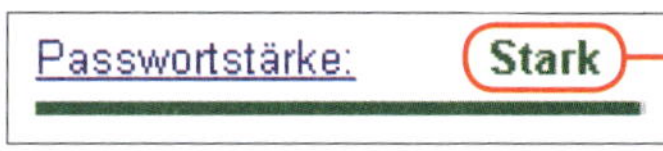

bewertet.

3 Geben Sie das soeben gewählte Passwort zur Sicherheit direkt darunter noch einmal ein: ●.

Diese Sicherheitsabfrage soll sicherstellen, dass Sie sich nicht vertippt haben.

4 Im Standard speichert Google Ihre Kontodaten, sodass Sie sich nur einmal auf einem Rechner anmelden müssen und danach automatisch angemeldet sind. Wenn Sie dies nicht wünschen (beispielsweise, weil der Rechner noch von anderen Personen genutzt wird und diese natürlich nicht auf Ihr Google-Konto zugreifen sollen), klicken Sie auf ●,

um den Haken zu entfernen und damit die automatische Anmeldung zu deaktivieren.

5 Google möchte Sie dazu verleiten, dass Sie die hauseigene Suchseite zu Ihrer Startseite machen. Auch hier gilt: Sollten Sie dies nicht wünschen, entfernen Sie per Klick auf ●

den Haken. Dann behalten Sie Ihre alte Startseite für den Internet Explorer bei.

6 Als weiterer Schutz vor automatischen Anmeldungen aus dem Internet wird ein sogenanntes Captcha (ein aus Buchstaben bestehendes Bild) angezeigt, im Beispiel ●. Google erwartet von Ihnen, dass Sie diese Buchstabenfolge entziffern und richtig abtippen. Klicken Sie also auf ●,

und tippen Sie die angezeigte Zeichenfolge ab.

7 Um das Anlegen des neuen Google-Kontos zu bestätigen, klicken Sie am Ende der Seite auf

Anschließend meldet sich Google mit einem entsprechenden Hinweisfenster.

Damit Sie Ihr Konto auch nutzen können, müssen Sie es, wie im nächsten Abschnitt gezeigt, ein weiteres Mal bestätigen.

Das Konto bestätigen

Google will ausschließen, dass sich Spaßvögel anmelden, die beispielsweise Ihre zusammen mit dem Konto angelegte Google-E-Mail-Adresse für illegale Werbemails, den sogenannten Spam, nutzen. Aus diesem Grund wird eine E-Mail an die in Schritt 2 des vorigen Abschnitts eingegebene E-Mail-Adresse geschickt, in der sich eine Verknüpfung zu einer Internetseite befindet. Darüber können Sie Ihr Konto bestätigen.

Das Verfahren wird im Folgenden am Beispiel von Microsoft Outlook gezeigt, ist aber auf andere E-Mail-Programme übertragbar.

1 Starten Sie Ihr E-Mail-Programm, und fragen Sie Ihre neuen E-Mails ab. Im Posteingang finden Sie dann eine E-Mail von Google:

2 Wenn Sie diese wie gewohnt öffnen, sticht darin eine blaue Verknüpfung ins Auge, etwa ●.

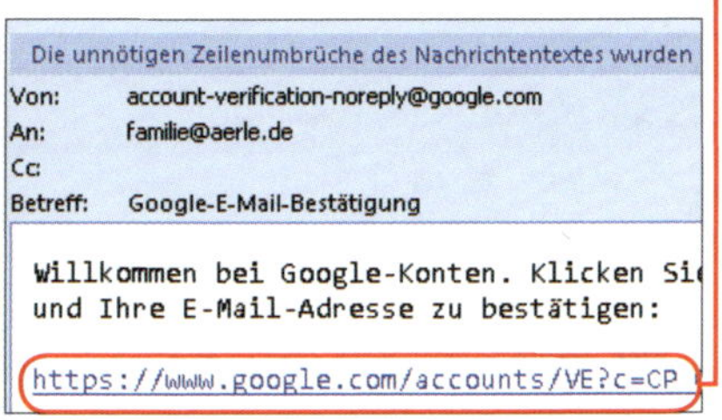

Nach einem Mausklick darauf wird die Google-Seite im Internet aufgerufen, und Google begrüßt Sie als Nutzer Ihres neuen Google-Kontos:

Am Google-Konto anmelden

Damit Sie Ihr Google-Konto nutzen und später mit Ihrem Android-Konto verwenden können, müssen Sie noch einige Einstellungen vornehmen.

1 Rufen Sie die Google-Seite auf, wie auf Seite 8 beschrieben, und klicken Sie dort oben rechts wieder auf ●.

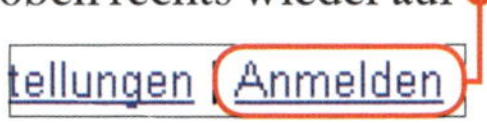

2 Falls Sie bei der Einrichtung des Kontos entschieden haben, dass dieses auf Ihrem Rechner gespeichert werden soll, ist die verwendete E-Mail-Adresse bereits eingetragen, im Beispiel ●.

Wenn Sie die Option deaktiviert hatten, klicken Sie zuerst auf ●

und tippen Ihre E-Mail-Adresse ein.

3 Nachdem Sie im Feld unterhalb der E-Mail-Adresse auch noch das Passwort Ihres Google-Kontos eingetragen haben, klicken Sie auf ●. Im Kästchen darüber können Sie wieder per Mausklick festlegen, dass Ihr Google-Konto auf dem PC gespeichert wird (Haken im Kästchen) ●

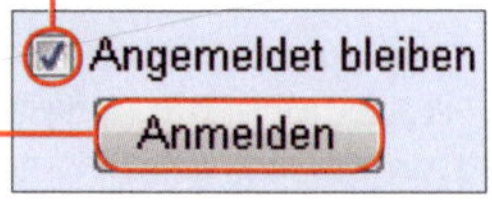

oder dass diese Option deaktiviert wird.

4 Die Tatsache, dass Sie gerade angemeldet sind, erkennen Sie nur daran, dass in der oberen rechten Ecke statt „Anmelden" jetzt „Abmelden" steht. Klicken Sie also auf ●,

um sich wieder von Ihrem Google-Konto abzumelden und somit für andere den Zugriff auf Ihre Daten zu verhindern.

Eine Google-E-Mail-Adresse hinzufügen

Viele Anwender bevorzugen es, statt ihrer „normalen" E-Mail-Adresse unterwegs eine eigene E-Mail-Adresse zu nutzen. So kann man die Flut der Nachrichten, die man ja nicht alle unterwegs empfangen will, schon durch die Angabe verschiedener E-Mail-Adressen ein wenig kanalisieren. Google bietet für Ihr Google-Konto ebenfalls kostenlos die Einrichtung eines E-Mail-Kontos mit eigener Adresse an, und bei einem Android-Gerät macht dies sogar doppelt Sinn: Da für den Betrieb des Gerätes Ihr Google-Konto sowieso unverzichtbar ist, wird Ihr E-Mail-Konto dann gleich automatisch mit hinzugefügt.

1 Starten Sie wieder das Internetzugriffsprogramm, rufen Sie die Google-Seite auf, und melden Sie sich an Ihrem Google-Konto an, wie im vorigen Abschnitt gezeigt. Auf der Google-Startseite klicken Sie dann in der Symbolleiste ganz oben links ●

auf den Eintrag ●.

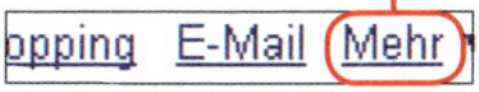

2 Daraufhin erkennt Google, dass Sie zwar eine E-Mail-Adresse besitzen ●, Ihrem Google-Konto bislang aber noch kein eigenes E-Mail-Konto zugeordnet wurde:

Für Ihr neues E-Mail-Konto bei Google sind nun noch einige zusätzliche Informationen einzugeben. Klicken Sie auf ●, und tippen Sie Ihren Vornamen ein, wie er im Absender einer von Ihnen verschickten E-Mail stehen soll. Im Feld darunter ●

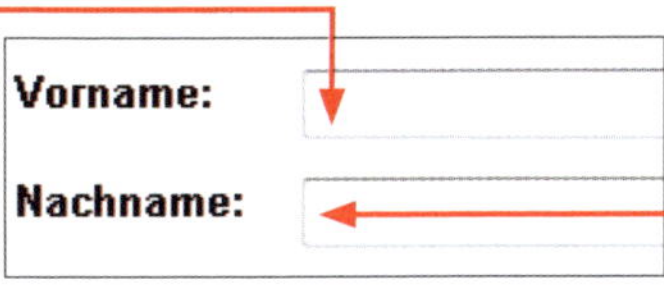

folgt die Eingabe Ihres Nachnamens.

3 Sie können – je nach Verfügbarkeit – Ihre E-Mail-Adresse frei bestimmen. Sie muss beispielsweise nicht unbedingt Ihren Vor- oder Nachnamen enthalten, sondern kann auch aus einem Fantasienamen bestehen. Klicken Sie auf ●,

und geben Sie den gewünschten Namen, im Beispiel ●, über die Tastatur ein. Damit kontrolliert wird, ob dieser Name noch frei (oder bereits durch einen anderen Anwender blockiert) ist, klicken Sie anschließend auf ●.

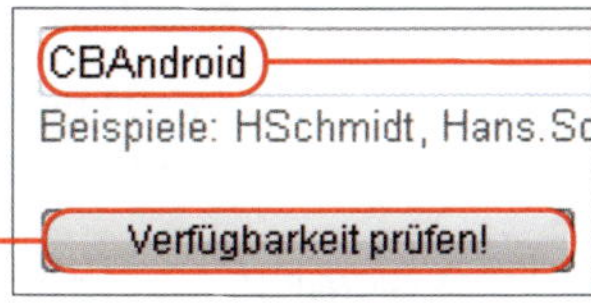

4 Sollte der eingegebene Benutzername schon vergeben sein, erhalten Sie eine Fehlermeldung ● und eine Liste mit Alternativen ●.

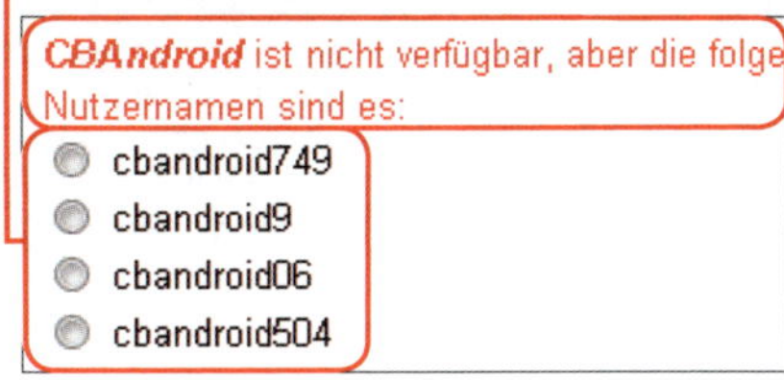

Wenn Ihnen einer dieser Vorschläge zusagt, klicken Sie auf den Kreis neben dem gewünschten Namen, um ihn zu markieren. Sie können aber auch, wie im vorigen Schritt gezeigt, einfach einen anderen Namen eingeben und dessen Verfügbarkeit prüfen. Ein verfügbarer Name wird dann mit einer blauen Meldung quittiert:

5 Zur Absicherung müssen Sie nun noch das Passwort Ihres Google-Kontos (siehe Schritt 2 auf Seite 9) eingeben.

Google bietet Ihnen die Möglichkeit, auch bei einem vergessenen Passwort noch Zugang zu Ihrem Konto zu gewähren. Dazu müssen Sie eine Sicherheitsfrage auswählen (die Google Ihnen dann stellt) und die dazugehörige Antwort festlegen (die Sie dann später richtig eingeben müssen). Klicken Sie als Erstes auf

und dann in der sich öffnenden Liste auf eine Frage, beispielsweise .

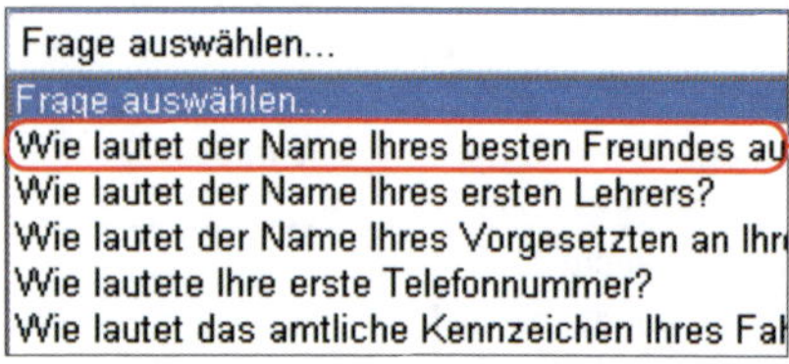

Anschließend tippen Sie hier

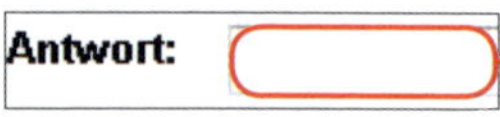

die Antwort ein, zum Beispiel „Günter", bevor Sie alles mit bestätigen.

6 Wie beim Anlegen des Google-Kontos selbst ist auch für das E-Mail-Konto zur Sicherheit eine weitere Bestätigung erforderlich.

Dieses Mal brauchen Sie jedoch kein E-Mail-Postfach (das Sie gegebenenfalls ja gerade erst anlegen), sondern ein Telefon. Klicken Sie also auf ,

sodass im Kreis ein Punkt erscheint. Dann werden Sie automatisch angerufen und erhalten einen Bestätigungscode, den Sie zur Freischaltung Ihres Google-E-Mail-Kontos eingeben müssen.

7 Um die Liste der verfügbaren Länder zu öffnen, klicken Sie als Nächstes auf .

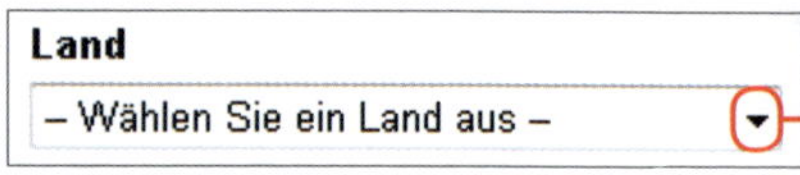

Tippen Sie dann den Buchstaben ein, mit dem der Name Ihres Landes beginnt (zum Beispiel D für Deutschland). Daraufhin wird die Liste eingeschränkt und somit übersichtlicher. Markieren Sie den Namen Ihres Landes mit einem Mausklick, beispielsweise .

8 Die Rufnummer, unter der Sie angerufen werden wollen, tragen Sie nun in das Feld ● ein. Nehmen Sie sich einen Zettel und einen Stift, und klicken Sie anschließend auf ●.

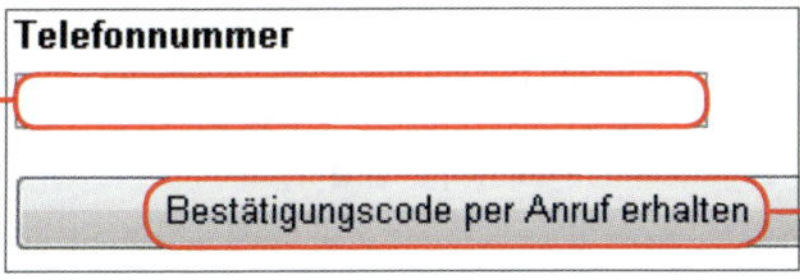

Schon nach kurzer Zeit klingelt Ihr Telefon, und eine freundliche Computerstimme nennt Ihnen Ihren persönlichen fünfstelligen Bestätigungscode. Sollten Sie in der Zwischenzeit einen anderen Anruf bekommen und die Leitung besetzt sein, klicken Sie einfach auf ●.

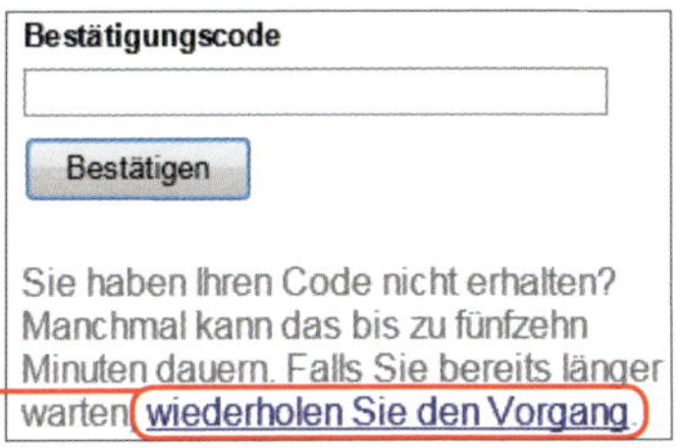

Dann versucht Google erneut, Sie zu erreichen.

9 Sobald Ihnen der Bestätigungscode vorliegt, klicken Sie in das **Eingabefeld** ● und tippen ihn dort ein. Zu guter Letzt folgt ein Mausklick auf die Schaltfläche ●.

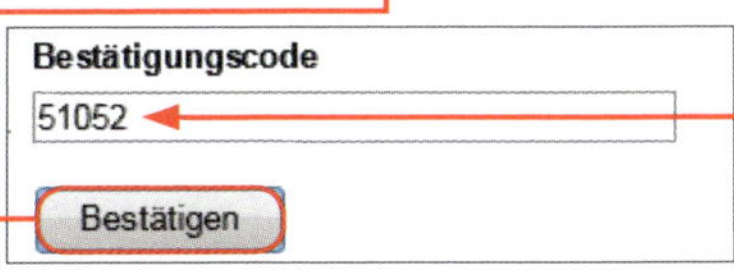

Werbeanrufe von Google?

Keine Sorge: Die Rufnummer, die Sie für die Bestätigung Ihres Kontos angegeben haben, wird nicht gespeichert, sondern ausschließlich für den automatisierten Anruf von Google genutzt. Werbeanrufe brauchen Sie damit nicht zu fürchten, und die Nummer wird auch nicht an andere Firmen weitergegeben.

Unmittelbar danach werden Sie darüber informiert, dass Sie jetzt sowohl ein Google-Konto als auch eine Google-E-Mail-Adresse haben.

Letztere setzt sich übrigens aus dem von Ihnen gewählten Benutzernamen (im Beispiel „CBildAndroid") und dem Anhang „@googlemail.com" zusammen. Diesen Benutzernamen können Sie ebenfalls nutzen, um sich bei Ihrem Google-Konto anzumelden.

2 Android-Telefon in Betrieb nehmen

Im Gegensatz zu anderen Taschencomputern haben alle Geräte mit Android ein integriertes Telefon. Daher müssen vor der Inbetriebnahme des Gerätes noch einige Schritte ausgeführt werden, die auch bei der Einrichtung eines „normalen" Telefons notwendig sind. Das Einlegen der Telefonkarte, das Einlegen des Akkus und der erste Start sind jedoch ein Kinderspiel.

Darüber hinaus müssen Sie noch einige Schritte direkt am Gerät vornehmen, beispielsweise Ihr im vorigen Kapitel angelegtes Google-Konto einrichten, Datum und Uhrzeit einstellen etc.

Im zweiten Kapitel dieses Buches erfahren Sie,

- wie Sie eine Telefonkarte in das Gerät einlegen,
- wie Sie das Gerät das erste Mal starten,
- wie Sie Datum, Uhrzeit und Zeitzone einstellen,
- wie Sie den Internetzugang einrichten
- und wie Sie **Bluetooth**-Verbindungen nutzen können.

Kapitel-Wegweiser

Das Gerät betriebsfertig machen

Wenn Sie Ihr Gerät auspacken, ist es in der Regel noch nicht ganz betriebsbereit: Zum einen ist die Telefonkarte noch nicht eingelegt, zum anderen liegt der Akku meist gesondert bei. Erst wenn Sie beides eingelegt haben, können Sie mit Ihrem Gerät arbeiten.

SIM-Karte, Speicherkarte und Akku einlegen

Wenn Sie zu Hause mit Ihrem Rechner ins Internet gehen, dann weiß der Anbieter aufgrund der fest verlegten Datendose, an die Ihr Rechner angeschlossen ist, wem die Gebühren in Rechnung zu stellen sind. Unterwegs ist dies nicht ganz so einfach: Es wäre sehr uneffektiv, wenn Sie zum Surfen immer ein Kabel irgendwo einstöpseln müssten. Daher hat jedes Mobiltelefon eine sogenannte SIM-Karte (SIM = „**S**ubscriber **I**dentity **M**odule"), die alle Informationen rund um den „Telefonanschluss" enthält. Diese muss in das Gerät eingelegt werden und stellt damit die Erreichbarkeit von außen unter der darauf gespeicherten Telefonnummer sicher.

1 Die SIM-Karte eines Android-Gerätes befindet sich in den meisten Fällen unter dessen Akku. Entfernen Sie den Akkudeckel, wie in der Anleitung des Gerätes beschrieben. Dann finden Sie einen Einschub, auf dem ein kleines Piktogramm der SIM-Karte zu sehen ist: .

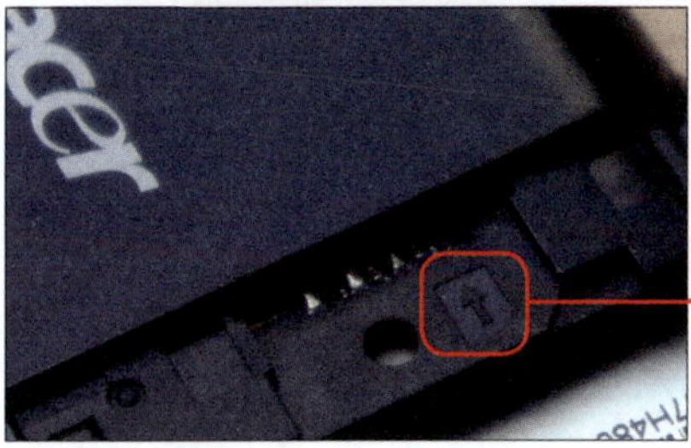

2 Zur besseren Handhabung und um die richtige Position zu gewährleis-

Mini- und Standard-SIM

In manchen Geräten wird bereits eine neue Generation von SIM-Karten verwendet, die sogenannte Mini-SIM. Diese ❶ ist deutlich kleiner als die Standard-SIM ❷, die Sie von normalen Mobiltelefonen her kennen. Achten Sie darauf, dass Sie von Ihrem Netzbetreiber in jedem Fall die richtige SIM-Karte für Ihr Telefon anfordern!

ten, hat die SIM-Karte eine Aussparung oben rechts: .

Auf dem Einschub im Gerät ist das Gegenstück dazu abgebildet: .

Schieben Sie die SIM-Karte jetzt so in den Einschub, dass diese beiden Ecken aufeinander passen.

3 Viele Geräte haben einen Steckplatz für sogenannte „Micro SD-Karten“. Das sind Speicherkarten, auf denen Sie später Musik, Bilder und Programme ablegen können. Hier verhält es sich ebenso wie bei der SIM-Karte: Auf dem Steckplatz ist ein kleines Bild

der Speicherkarte aufgedruckt. Legen Sie die Speicherkarte genau so ein, und schieben Sie sie vorsichtig nach vorne, bis sie einrastet.

Beide Karten sollten nun fest in ihren Steckplätzen sitzen und nicht mehr hervorstehen.

4 Als Nächstes können Sie den Akku einlegen: Suchen Sie dazu im Gerät die Kontakte , die den Akku mit dem Gerät verbinden (die Position ist von Gerät zu Gerät unterschiedlich).

Am Akku finden Sie von der Form her

ähnliche Flächen, hier: ●.

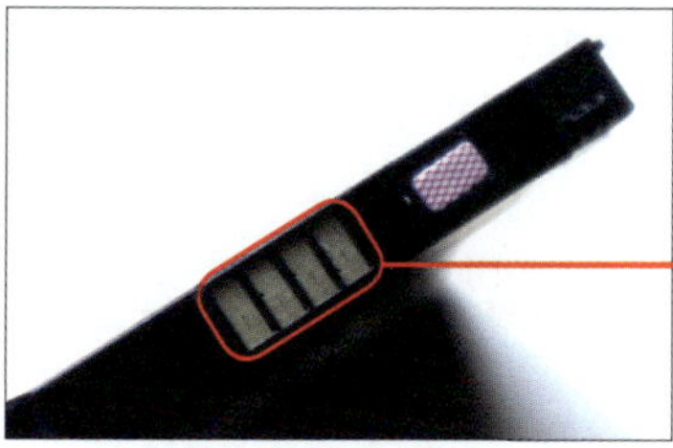

5 Legen Sie den Akku jetzt genau so ein, dass die Kontakte am Akku ● und die im Gerät ●

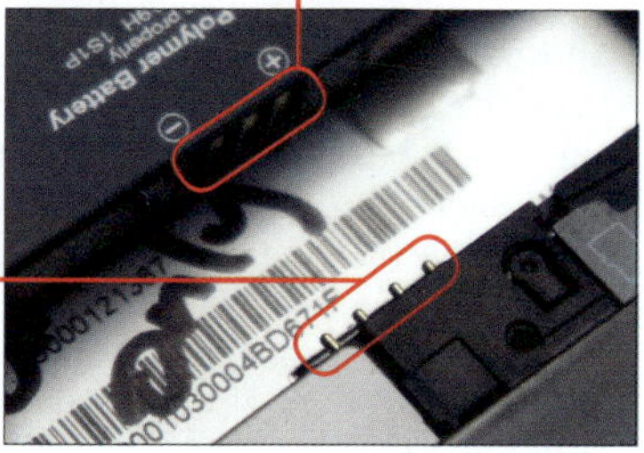

exakt aufeinander passen. Danach montieren Sie wieder den Akkudeckel, wie es in der Anleitung des Gerätes beschrieben steht.

Das Gerät zum ersten Mal einschalten

Bevor Sie das Gerät einschalten, sollten Sie es ans Stromnetz hängen. Der gerade eingelegte Akku muss zuerst „kalibriert" werden. Dazu wird er einmal voll geladen, und diesen Zustand merkt sich Ihr Gerät genau, um später daraus die verbleibende Akkukapazität zu berechnen.

1 Nehmen Sie das Netzteil des Gerätes aus der Verpackung, und stecken Sie den Netzanschluss in die Steckdose. Danach nehmen Sie den Stecker, der sich am Kabel des Netzteils befindet, ●,

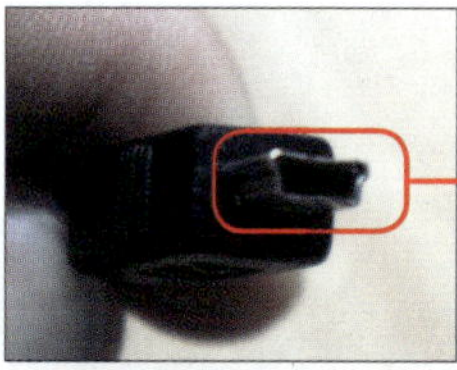

und stecken ihn in den Anschluss in Ihrem Gerät: ●.

Dieser befindet sich je nach Modell entweder unten oder an der Seite des Gehäuses.

2 Nun beginnt das Gerät zu laden, was auf dem Bildschirm durch ein sich füllendes Batteriesymbol ●

deutlich gemacht wird. Sie können Ihr Gerät schon während des Ladevorgangs ohne Probleme einschalten. Oben beziehungsweise an der Seite des Gerätes befindet sich eine Taste mit einem Kreis und einem Strich darin, wie Sie sie beispielsweise von Ihrer Stereoanlage her kennen. Drücken Sie diese Taste ungefähr zwei Sekunden lang, um das Gerät einzuschalten.

3 Beim ersten Mal dauert das Starten des Gerätes etwas länger. Dies liegt daran, dass dabei einige Grundeinstellungen vorgenommen werden, die sich später erübrigen. Nach dem Start erscheint als Erstes der Eingabebildschirm für den PIN-Code Ihrer SIM-Karte.

Diese PIN (= „**P**ersönliche **I**dentifikations-**N**ummer") haben Sie zusammen mit der SIM-Karte von Ihrem Netzbetreiber bekommen. Sie dient dazu, Fremde - die diese Nummer ja nicht kennen - davon abzuhalten, auf Ihre Kosten zu telefonieren. Tippen Sie sie mit den Fingern über die **Bildschirmtastatur** ein, und beenden Sie die Eingabe dann durch ein Tippen auf

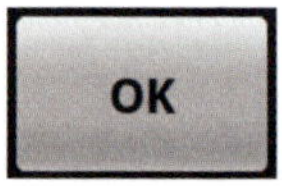

.

4 Android sucht sich nun automatisch aus der eingelegten SIM-Karte den richtigen Netzbetreiber aus und nimmt alle wichtigen Einstellungen selbstständig vor. Wie Sie diese bei Bedarf manuell verändern können, lesen Sie ab Seite 27. Nach kurzer Zeit ist das Gerät in Ihr Mobilfunknetz eingebucht, was Sie an der Signalstärkeanzeige

oben rechts auf dem Bildschirm erkennen können.

5 Jetzt verwenden Sie zum ersten Mal Android! Der Bildschirm ist anfangs noch öd und karg, aber das werden Sie in den folgenden Kapiteln noch so anpassen, dass er Ihnen und Ihrem Anwendungsverhalten entspricht. In diesem Bereich ❶ können Sie sogenannte Widgets, also kleine Informationsfenster für das Wetter, Nachrichten und vieles mehr ablegen (siehe Seite 74). Um sich die Arbeit möglichst bequem zu machen, lassen sich zum Beispiel auch die am häufigsten verwendeten Programme ablegen, im Beispiel ❷.

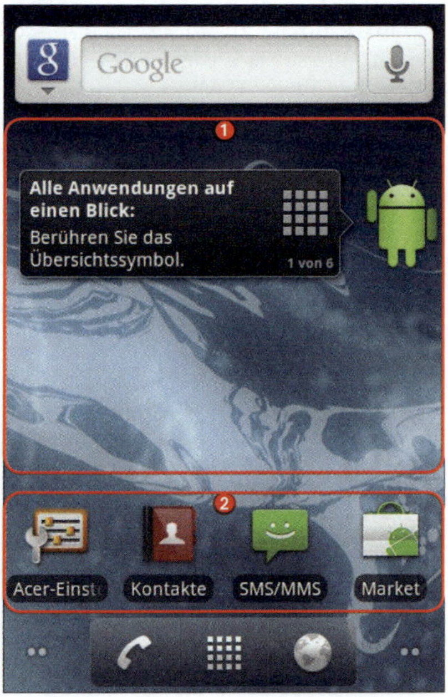

Automatische Einrichtung

Einige Android-Geräte haben andere Einrichtungsdialoge, in denen Benutzerinformationen und Einstellungen abgefragt werden. Da sie aber zwischen den einzelnen Geräteherstellern komplett unterschiedlich sind, finden Sie in diesem Kapitel nur die allerwichtigsten Einstellungen, die sich in der Regel auf jedem Gerät vornehmen lassen.

6 Beim nächsten Einschalten des Gerätes (wenn es sich beispielsweise nach einer bestimmten Zeit der Nichtbenutzung automatisch ausgeschaltet hat) werden Sie mit dem Sperrbildschirm konfrontiert: Dieser schützt das Gerät vor versehentlicher Bedienung, denn ohne vorheriges Entsperren kann kein Programm gestartet werden, keine E-Mail oder SMS gesendet werden etc. Der Sperrbildschirm zeigt den aktuellen Netzbetreiber, im Beispiel ●, die aktuelle Uhrzeit und das Datum an, etwa ●.

Um ihn zu entsperren, legen Sie einen Finger auf das Schloss ●

und ziehen es mit dem Finger ganz nach rechts. Sobald Sie den Finger dann vom Display nehmen, wird umgehend der normale Startbildschirm sichtbar und ist ab diesem Zeitpunkt wie gewohnt bedienbar.

7 Auf dem Sperrbildschirm können Sie übrigens auch ganz schnell und unkompliziert alle Töne ausschalten und das Gerät nur noch vibrieren lassen: Legen Sie einen Finger auf das Lautsprechersymbol ●,

und bewegen Sie den Finger nach links. Nach kurzer Zeit wird aus dem Lautsprechersymbol ein kleiner Vibrationsmotor ●.

Ab diesem Zeitpunkt erhalten Sie alle Benachrichtigungen (für E-Mails, Anrufe, neue Nachrichten etc.) nicht mehr durch Töne, sondern nur noch durch Vibrieren des Gerätes. Um das Gerät wieder auf Tonbenachrichtigungen umzustellen, müssen Sie diesen Schritt nur erneut ausführen. Das Vibrationssymbol ändert sich dann wieder in einen Lautsprecher.

8 Jedes Android-Gerät hat unter dem Bildschirm vier Tasten (manchmal auch Sensorflächen), die feste Funktionen haben: Ein Druck auf ● bringt Sie immer wieder direkt auf den Startbildschirm. Mithilfe der Taste ● können Sie die Daten des Gerätes nach Stichwörtern durchsuchen.

Wenn Sie auf ● tippen, kommen Sie auf den vorigen Bildschirm, während Sie nach einem Tippen auf ● Einstellungen vornehmen können (siehe auch Seite 28).

Grundeinstellungen vornehmen

Nach dem Erststart müssen Sie einige Grundeinstellungen vornehmen, die einerseits notwendig sind, damit Ihr Gerät richtig arbeiten kann, und andererseits die persönliche Konfiguration anpassen. Dies geschieht über das zentrale Einstellungsmenü von Android.

Datum und Uhrzeit einstellen

1 Schalten Sie das Gerät ein, und entsperren Sie es, wie auf Seite 21 gezeigt. Tippen Sie dann mit dem Finger

unten auf dem Bildschirm auf ●

und anschließend auf das Symbol

.

Daraufhin öffnet sich das zentrale Einstellungsmenü, in dem Sie alle Einstellungen für Ihr Android-Gerät vornehmen können.

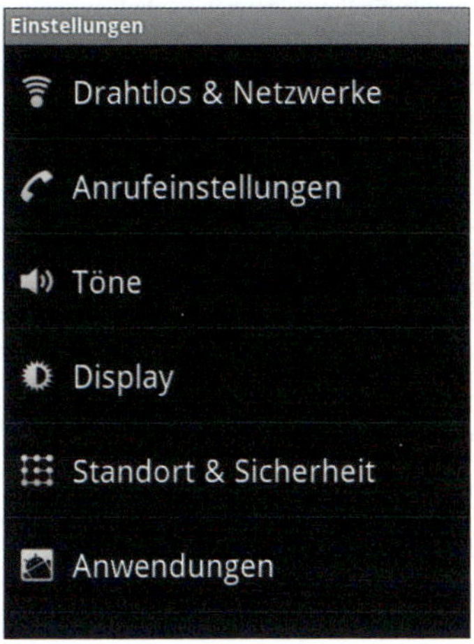

2 Um durch die einzelnen Einstellungen zu navigieren und zur Einstellung für die Uhrzeit zu gelangen, legen Sie den Finger auf das Display, lassen ihn dort liegen und bewegen ihn schnell nach oben, als würden Sie ein Blatt auf einem Block nach oben schnippen. Wiederholen Sie dies so oft, bis Sie den Menüpunkt für die Einstellung von Datum und Uhrzeit ●

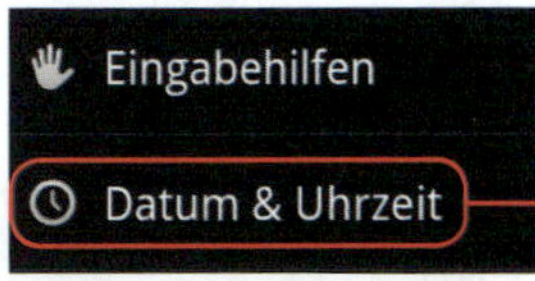

sehen (dieser befindet sich ganz unten in der Liste). Tippen Sie den Eintrag an.

3 In der Standardeinstellung eines jeden Android-Gerätes wird die Zeit automatisch über die SIM-Karte und das Netz des dazugehörigen Mobilfunkbetreibers bestimmt. Dies funktioniert aber nicht immer. Wenn Sie die Zeit manuell einstellen müssen, tippen Sie mit dem Finger zunächst auf ●.

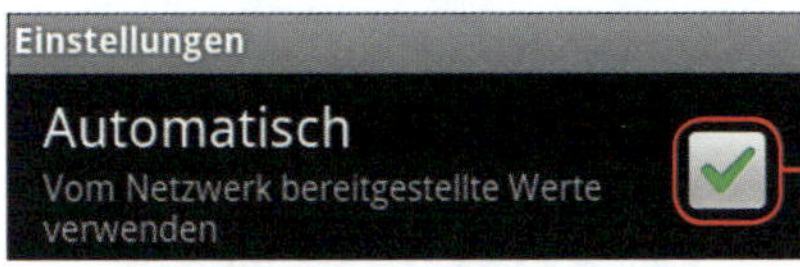

Um das Datum dann manuell einzugeben, tippen Sie auf ●, um die Zeit einzugeben, auf ●.

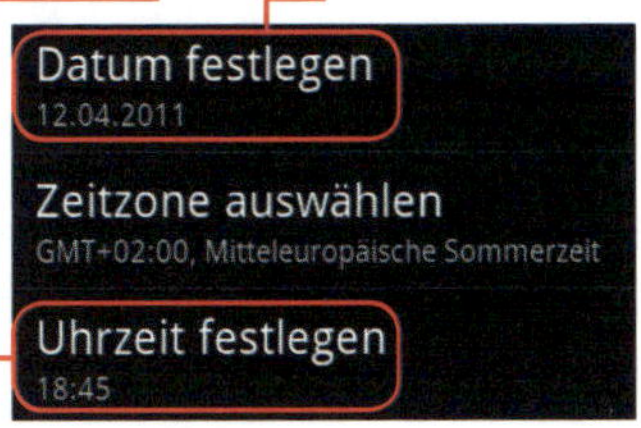

4 Im Einstellungsbildschirm der Uhrzeit sehen Sie über der Stunde und der Minute jeweils ein Plus- und darunter ein Minuszeichen: . Tippen Sie auf das Pluszeichen, um die Stunde oder Minute zu erhöhen, und auf das Minuszeichen, um sie zu verringern. Wenn Sie die korrekte Uhrzeit eingestellt haben, tippen Sie mit dem Finger auf .

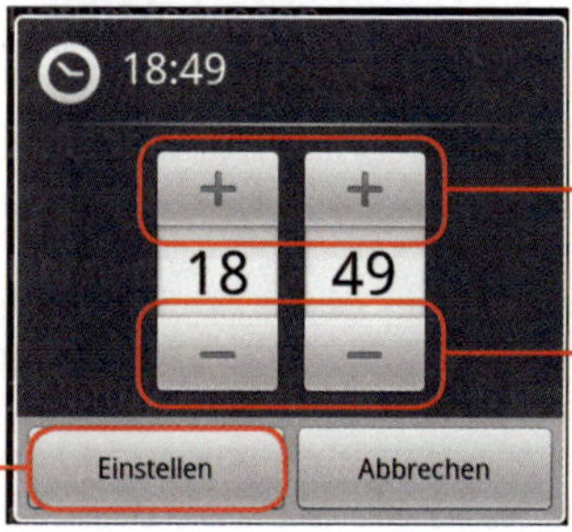

5 Bei der Einstellung des Datums gehen Sie ähnlich vor: Passen Sie mithilfe der Plus- und Minuszeichen die Werte für den Tag, den Monat und das Jahr an, und tippen Sie zum Schluss auf ,

um das eingestellte Datum zu bestätigen. Wie zum Ende des vorigen Abschnitts erwähnt, gelangen Sie mit einem Druck auf die linke Gerätetaste

wieder zurück auf den Startbildschirm.

Im Urlaub: Zeitzone ändern

Sie kennen die Situation: Sie kommen am Urlaubsort an, und schon stimmt die Uhrzeit nicht mehr. Das liegt nicht daran, dass die Uhr plötzlich falsch geht, sondern an der sogenannten Zeitzone. Reisen Sie nach Westen (zum Beispiel in die USA), dann stellen Sie die Uhr zurück, reisen Sie nach Osten (zum Beispiel nach China), dann muss die Uhr vorgestellt werden. Der Hintergrund: Überall auf der Welt soll es um 12:00 Uhr „Mittag" sein. Durch die Drehung der Erde und die damit unterschiedliche Position der Sonne muss die Zeit also angepasst werden.

Die Zeitzone berechnet sich immer nach der „**G**reenwich **M**ean **T**ime" (GMT) und der Abweichung davon. So hat Berlin beispielsweise die Zeitzone „GMT+1", ist daher eine Stunde „später" als die Standardzeit. Seattle in den USA wiederum hat die Zeitzone „GMT-8" und ist damit 8 Stunden „früher" als die Standardzeit.

1 Wechseln Sie wieder in die Einstellungen, indem Sie die Schritte 1 bis 3 des vorigen Abschnitts wiederholen. Zum Ändern der Zeitzone tippen Sie mit dem Finger aber auf ●.

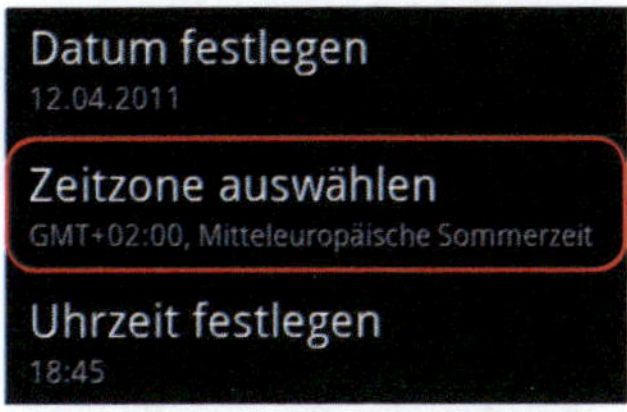

2 Als Erstes wird eine Liste der zur Verfügung stehenden Städte und Zeitzonen angezeigt: ●.

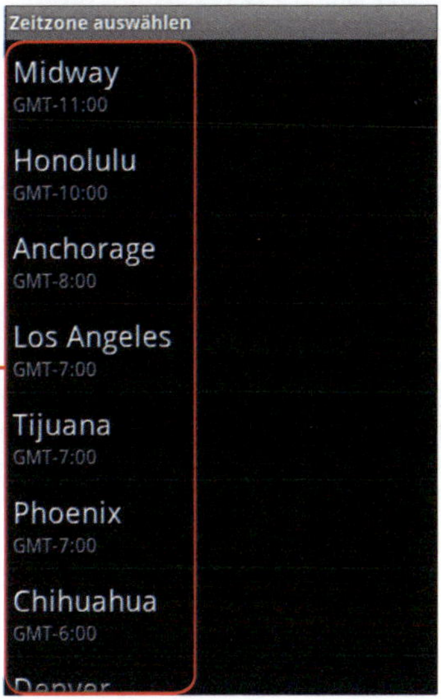

3 Um auf die richtige Zeitzone zu gelangen, legen Sie wieder den Finger auf den Bildschirm und wischen nach oben, bis Sie die richtige Zeitzone sehen. Rollen Sie so lange durch die Liste, bis die passende Zeitzone auftaucht, für Europa beispielsweise eine von diesen:

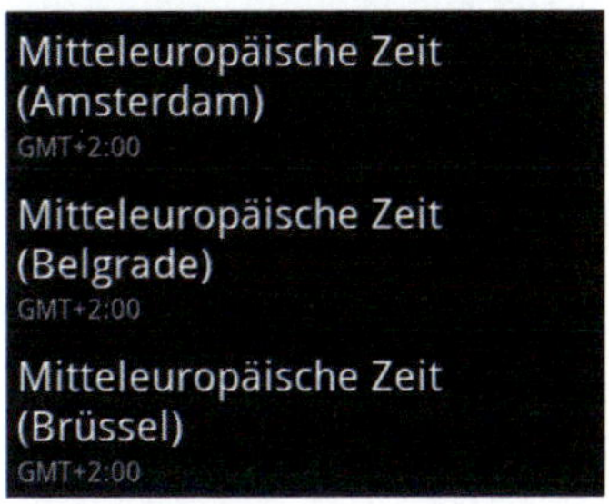

Tippen Sie die entsprechende Zeitzone mit dem Finger an, um sie zu ändern. Sofort sehen Sie, dass sich die Uhrzeit oben rechts auf dem Bildschirm Ihres Gerätes

! Unterschied zwischen Änderung der Zeitzone und der Uhrzeit

Vom Grundsatz her haben die Änderung der Uhrzeit und die Änderung der Zeitzone einen ähnlichen Effekt.
Im Zusammenhang mit dem Kalender (siehe Seite 90) ist allerdings der folgende Unterschied wichtig: Termine haben immer die Zeitzone „mit im Bauch". Ein Beispiel: Sie haben um 16:00 Uhr deutscher Zeit einen Telefontermin, sind aber in den USA (wo es 6 Stunden früher ist). Ändern Sie die Zeitzone, dann erinnert Ihr Gerät Sie um 10:00 Uhr Ortszeit (und damit pünktlich um 16:00 Uhr deutscher Zeit) an den Termin. Falls Sie stattdessen jedoch die Uhrzeit ändern, erinnert Sie das Gerät um 16:00 Uhr Ortszeit (also um 22:00 Uhr deutscher Zeit und damit zu spät) an den Termin!

aktualisiert: ●.

Um wieder auf den Startbildschirm zu gelangen, drücken Sie einfach wie üblich die linke Gerätetaste ●.

Differenz um eine Stunde?

Auf Seite 24 hatten Sie gelesen, dass die Zeitzone von Deutschland, Österreich und der Schweiz (und noch einigen anderen westeuropäischen Ländern) „GMT+1" lautet. Bei der Einstellung der Zeitzone in Schritt 3 sehen Sie aber stattdessen den Eintrag „GMT+2" (siehe Seite 25). Ein Fehler? Nein. Der Unterschied liegt daran, dass Android automatisch anhand des Datums bestimmt, ob gerade Sommer- oder Winterzeit ist. Und bei der Sommerzeit wird einfach eine Stunde „obendrauf geschlagen".

Den Internetzugang einrichten

Moderne mobile Geräte haben so gut wie alle eine integrierte Telefoneinheit, landläufig auch „GSM-Modul" genannt. Neben dem normalen Telefonieren (siehe Seite 99) bedeutet dies für Sie vor allem absolute kabellose Freiheit: Mittels des Telefonmoduls kann eine mobile Internetverbindung aufgebaut werden, die Ihnen den Zugang zu **Internetseiten**, zu Ihren E-Mails und zu vielen weiteren Diensten und Informationsquellen ermöglicht.

Datenverbindungen automatisch einrichten

Zunächst geht es darum, das mobile Gerät für die Datenkommunikation einzurichten. Die Verbindungsdaten legen fest, wie die Daten von Ihrem Gerät ins Mobilfunknetz gelangen. Der einfachste Weg ist die automatische Konfiguration, die bei Android-Geräten bereits beim ersten Start des Gerätes automatisch ausgeführt wird. Wenn Sie die SIM-Karte eines anderen Netzbetreibers verwenden wollen, gehen Sie wie folgt vor:

1 Legen Sie die SIM-Karte des Netzbetreibers in Ihr Telefon ein, wie es Ihnen auf Seite 17 / 18 gezeigt wurde, und starten Sie das Gerät durch Drücken des Ein-/Ausschalters ●.

! Flatrate oder Zeit- oder Volumenvertrag

Eine Übersicht über die verschiedenen Tarife und einen Preisvergleich finden Sie in jedem Heft von COMPUTER BILD.
Im Unterschied zu den früheren Wählverbindungen, die wie ein Telefongespräch nach ihrer Dauer bezahlt wurden, ist der moderne Datentransfer meist „paketorientiert". Die Erklärung dieses Begriffs ist leicht: Stellen Sie sich vor, Sie wollen ein großes Bild aus dem Internet, der „Datenautobahn", laden. Diese ist aber dafür gar nicht breit genug! Daher wird das Bild in kleinere Pakete gepackt, und diese werden in separaten LKWs in den Verkehr der Datenautobahn eingeschleust. Bei Ihnen angekommen, werden diese Pakete ohne Ihr Zutun vollautomatisch wieder zusammengesetzt zum eigentlichen Bild. Dieses Verfahren greift bei allen Daten, die via Internet übertragen werden.
Die Kosten der Datenübertragung richten sich bei den meisten Verträgen nach der Menge und der Größe der Pakete – wie bei der traditionellen Post. Hierbei ist die Dauer der Übertragung für die Abrechnung und die Kosten egal. Es gibt allerdings auch Tarife, bei denen die Dauer der Übertragung abgerechnet wird. Bei diesen Tarifen wird also unabhängig von der übertragenen Datenmenge jede Online-Minute abgerechnet. Allerdings sind solche Tarife für Handys, die automatisch Verbindungen ins Internet aufbauen, um beispielsweise E-Mails abzuholen, in der Regel nicht zu empfehlen.
Erkundigen Sie sich bei Ihrem Mobilfunkanbieter, was Volumenpakete kosten. Das sind vorbezahlte Datenmengen, die Sie pro Monat abonnieren können. Im Vergleich sind diese deutlich günstiger, als wenn Sie jedes Paket einzeln abrechnen. Wenn Sie aber vorhaben, viel und regelmäßig im Internet zu surfen, dann bietet sich eine Flatrate an: Diese erlaubt volumenmäßig unbegrenztes Surfen, ist allerdings teurer. Auch hier ist Ihr Mobilfunknetzbetreiber der richtige Ansprechpartner.

2 Anschließend geben Sie wie gewohnt die PIN der SIM-Karte über die Bildschirmtastatur ein. Ihr Gerät erkennt nun den Netzbetreiber und trägt automatisch die richtigen Einstellungen ein. Android ist ein international verwendetes **Betriebssystem**. Daher wird es nur wenige Situationen geben, in denen Sie manuell festlegen müssen, auf welchem Weg das Gerät ins Internet kommen soll. Dies kann zum Beispiel im Ausland der Fall sein oder wenn Sie einen neuen Handyvertrag haben.

Datenverbindungen manuell konfigurieren

Im seltenen Fall, dass der Einrichtungsassistent die Verbindungen nicht automatisch einrichten kann oder Ihr Netzbetreiber in den Datenbanken Ihres Gerätes noch nicht vertreten ist (weil er zum Beispiel neu am Markt ist), müssen Sie die Einrichtung manuell vornehmen. Die einzige Information, die Sie dazu brauchen, ist der Internetzugangspunkt

Keine automatische Einrichtung ohne Mobilfunknetz

Der automatische Einrichtungsassistent der Verbindungen ist intelligent: Er prüft, in welches Mobilfunknetz Ihr Gerät gerade eingebucht ist, und wählt dann aus einer Liste der ihm vorliegenden Informationen die richtigen Einstellungen aus. Voraussetzung ist natürlich, dass Ihr Gerät mit dem Mobilfunknetz verbunden ist. Dies erkennen Sie an dem kleinen Symbol

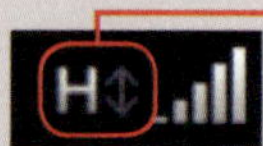

am oberen Bildschirmrand. Sollte dort stattdessen ein Kreuz

zu sehen sein, müssen Sie das Mobilfunkmodul noch einschalten (siehe Seite 29). Bei einem Ausrufezeichen hingegen

ist es erforderlich, dass Sie die PIN eingeben (siehe Seite 20).

(auch APN = „Access Point Name“ genannt). Stellen Sie sich diesen einfach als Butler vor, der Ihre Bitte zum Laden einer Internetseite entgegennimmt, diese erfüllt und Ihnen nachher die fertige Seite zurückliefert. Diese Information erhalten Sie direkt von Ihrem Netzbetreiber.

1 Schalten Sie das Gerät ein, und entsperren Sie es wie gewohnt. Tippen Sie dann mit dem Finger unten auf dem Bildschirm zunächst auf

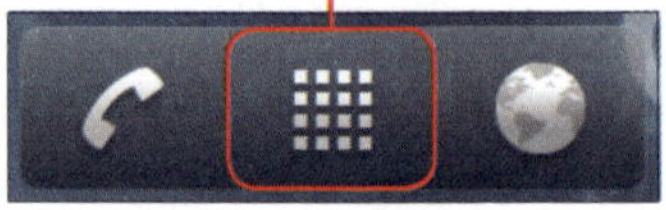

und anschließend auf das Symbol

.

2 Im nun erscheinenden Einstellungsmenü tippen Sie als Erstes mit dem Finger auf .

Halten Sie den Finger auf die Menüeinträge, und rollen Sie durch „Hochschnippen“ des Fingers bis ganz nach unten in der Liste, wo Sie dann per Fingertipp den Eintrag

wählen.

Einschalten des Flugmodus

In manchen Situationen dürfen Sie keine Funksender (wie etwa das Mobilfunkmodul Ihres Gerätes, WLAN- oder Bluetooth-Sender) verwenden, zum Beispiel im Flugzeug oder im Krankenhaus. Anstatt diese alle einzeln auszuschalten, können Sie den sogenannten „Flugmodus" einschalten. Damit dieser aktiviert und alle Funksender ausgeschaltet werden, tippen Sie im soeben aufgerufenen Menü auf .

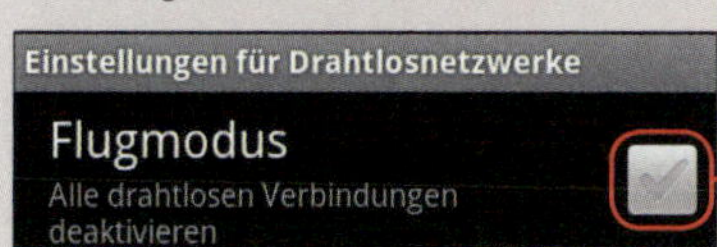

Daraufhin erscheint in dem Kästchen ein kleiner, grüner Haken ,

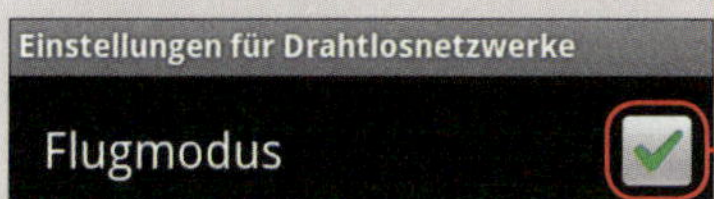

Zeichen dafür, dass der Flugmodus jetzt aktiviert ist. Um den Flugmodus wieder zu deaktivieren, tippen Sie einfach erneut in das Kästchen.

3 Im Normalfall ist die mobile Datenverbindung aktiviert, was Sie ebenfalls an einem kleinen Haken

erkennen. Demgegenüber ist das sogenannte Roaming, also die Nutzung von Datendiensten im Ausland, standardmäßig deaktiviert ,

und das ist auch gut so: Selbst wenn Sie in Ihrem Heimatland eine Flatrate haben (siehe Seite 27), dann gilt diese im Ausland nicht. Die Folge sind hohe Gebühren, die schnell außer Kontrolle geraten können. Aktivieren Sie das Daten-Roaming durch ein Tippen auf den entsprechenden Eintrag also nur dann, wenn Sie die Gebühren kennen!

Hier sehen Sie den aktuellen Netzbetreiber, mit dem Ihr Telefon verbunden ist. Im Normalfall ist dies derjenige, von dem Sie die SIM-Karte erhalten haben. Im Ausland ist es der Netzbetreiber, in dessen Netz Sie automatisch gelangt sind. Um nun den Zugangspunkt zu ändern, tippen Sie auf .

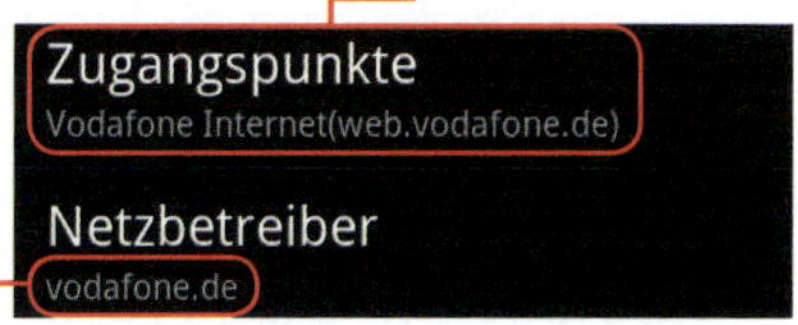

4 Dann erscheint auf dem Bildschirm eine Liste der gespeicherten Zugangspunkte. Beim ausgewählten Punkt befindet sich rechts neben dem Namen ein grüner Kreis, etwa ●.

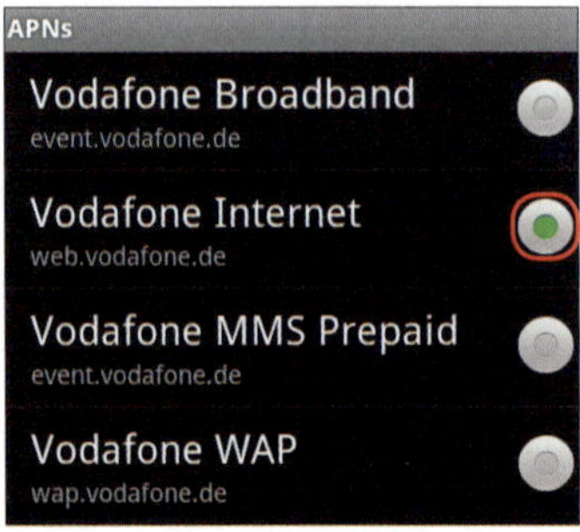

Wenn Sie einen der anderen Zugangspunkte auswählen möchten, tippen Sie ihn einfach an. Sollte der von Ihnen gesuchte Zugangspunkt noch nicht in der Liste auftauchen, tippen Sie unter dem Bildschirm Ihres Gerätes auf die rechte Taste ●.

5 Im sich nun öffnenden Menü können Sie die Auswahl wieder auf den Standardzugangspunkt zurücksetzen, indem Sie auf ● tippen. Um einen neuen Zugangspunkt einzugeben, tippen Sie hier einfach auf ●.

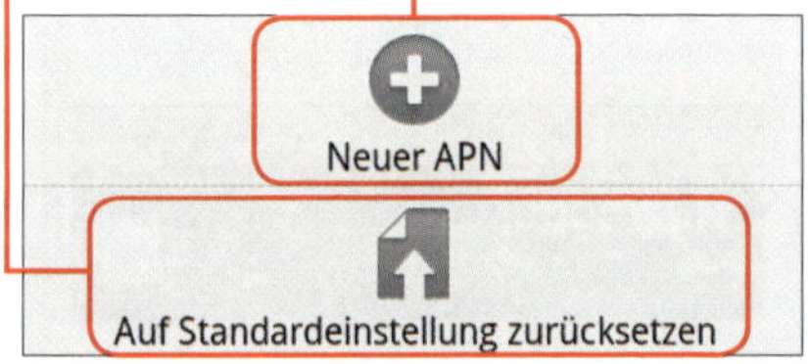

Im Folgenden wird das Verfahren am Beispiel des Netzbetreibers Telekom Deutschland beschrieben. Die Methode ist bei den anderen Netzbetreibern aber nahezu identisch. Einziger Unterschied: der Name des Zugangspunkts.

6 Um den Namen der Verbindung einzugeben, tippen Sie als Erstes auf ●.

Diese Angabe ist für die Verbindung selbst nicht wichtig, erlaubt Ihnen aber, den Zugangspunkt später zu identifizieren, wenn Sie mehrere gespeichert haben. Auf dem Bildschirm Ihres Gerätes

Unterschiedliche Zugangspunkte?

Was auf den ersten Blick verwirrend erscheint, hat durchaus Sinn: Ein Netzbetreiber hat oft nicht nur einen einzigen Zugangspunkt, sondern mehrere.
Für Multimedia-Mitteilungen (MMS) wird ein anderer verwendet als für den Zugang zum Internet.
Wird der Datenverkehr nicht über eine nachträgliche Zahlung per Rechnung abgerechnet (das sogenannte PostPaid, Englisch für „später zahlen"), sondern durch aufzuladendes Guthaben (das sogenannte PrePaid, Englisch für „voher zahlen"), dann werden dafür ebenfalls eigene Einstellungen verwendet. Wenn Sie sich unsicher sind, fragen Sie einfach bei Ihrem Netzbetreiber nach!

erscheint nun ein Eingabefeld, in das Sie den von Ihnen gewünschten Namen eintragen können.

Dazu befindet sich am unteren Bildschirmrand eine kleine Tastatur, deren Tastenanordnung derjenigen auf Ihrem Rechner zu Hause sehr ähnelt.

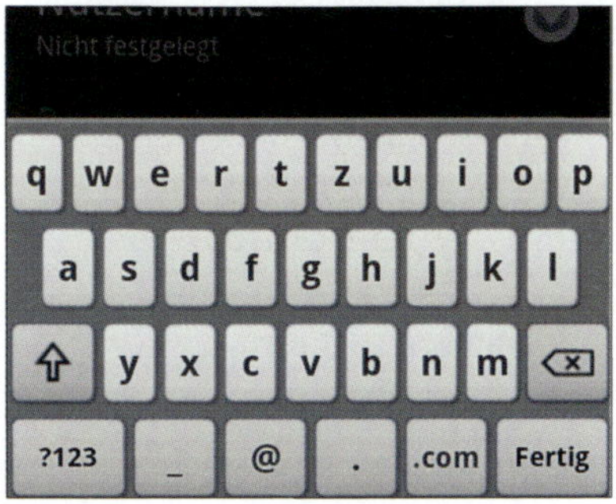

Verbindungsmethoden

Bei den paketvermittelten Internetverbindungen gibt es im Großen und Ganzen vier verschiedene Verbindungsarten, die automatisch gewählt werden, je nachdem wie das von Ihnen verwendete Mobilfunknetz ausgestattet ist und wie gut der Empfang ist.

GPRS („**G**eneral **P**ackage **R**adio **S**ervice“): die langsamste Verbindung, dafür aber auch bei schlechtem Empfang in jedem Mobilfunknetz zu empfangen. Oft auch „2G“ genannt, weil sie für die zweite Generation von Datenverbindungen steht.

EDGE („**E**nhanced **D**ata Rates for **G**SM **E**volution“): ein Zwischenschritt hin zu UMTS, darum oft auch „2.5G“ genannt. Von der Übertragungsgeschwindigkeit ungefähr mit einer ISDN-Datenleitung am normalen Rechner zu vergleichen.

UMTS („**U**niversal **M**obile **T**elecommunications **S**ystem“): die momentan am meisten verbreitete und bekannteste Verbindung ins Internet, die ungefähr ein Drittel der von den meisten Rechnern zu Hause bekannten DSL-Geschwindigkeit hat. Als dritte Generation der mobilen Verbindungen auch als „3G“ bezeichnet.

HSDPA („**H**igh **S**peed **D**ownlink **P**acket **Ac**cess“): eine weitere Verbesserung von UMTS mit Verbindungsgeschwindigkeiten, die im besten Fall einer guten DSL-Verbindung zu Hause entsprechen. Oft auch als „3.5G“ bezeichnet.

Die Anfangsbuchstaben (G, E, U, H) beziehungsweise die Alternativbezeichnungen (2G, 2.5G, 3G, 3.5G) tauchen oft in den Gerätenamen auf und geben einen Hinweis darauf, wie schnell es tatsächlich ins Internet gehen kann.

7 Geben Sie den Namen einfach durch Antippen der einzelnen Tasten auf dem Bildschirm ein. Wählen Sie dabei einen aussagekräftigen Namen (beispielsweise denjenigen des Netzbetreibers). Wenn Sie oft im Ausland unterwegs sind, empfiehlt es sich, auch ein Kürzel für das Land aufzunehmen, hier .

Zum Schluss folgt ein Tippen auf

.

8 Im Normalfall müssen Sie keine weiteren Daten eingeben als den Namen des Zugangspunktes (APN). Tippen Sie dazu auf ,

und geben Sie dann, wie soeben beschrieben, den Namen des Zugangspunktes (den Sie vom Netzbetreiber erfahren können) über die Bildschirmtastatur ein, zum Beispiel . Schließen Sie die Eingabe wieder durch ein Tippen auf ab.

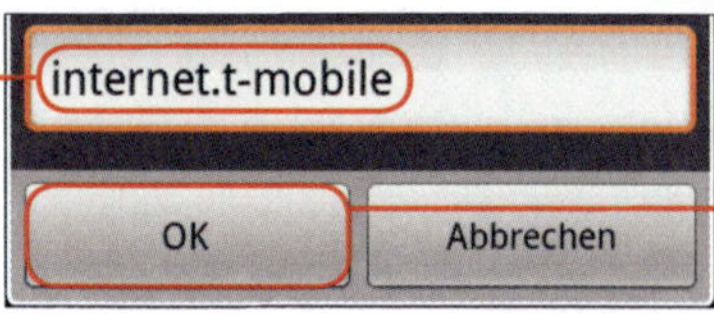

9 Wenige Netzbetreiber fordern zusätzlich noch die Eingabe eines Nutzernamens und eines Passwortes. Sollte dies bei Ihnen der Fall sein, tippen Sie auf die entsprechenden Schaltflächen

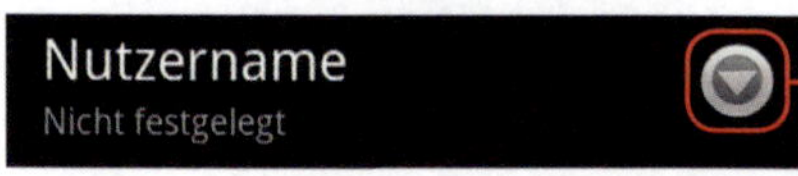

und geben die Informationen wie bereits gezeigt ein.

Sonderzeichen auf der Tastatur

Die Standard-Bildschirmtastatur enthält nur Buchstaben und einige wenige Satzzeichen. Der Name des Zugangspunktes kann jedoch auch Zahlen oder Bindestriche (wie im Beispiel) enthalten. Diese erreichen Sie ganz einfach: Wenn Sie unten links auf der Tastatur auf

tippen, wird eine weitere Tastatur eingeblendet, auf der Sie diese Zeichen finden: . Um wieder zur „normalen" Tastatur zurückzukehren, tippen Sie einfach auf .

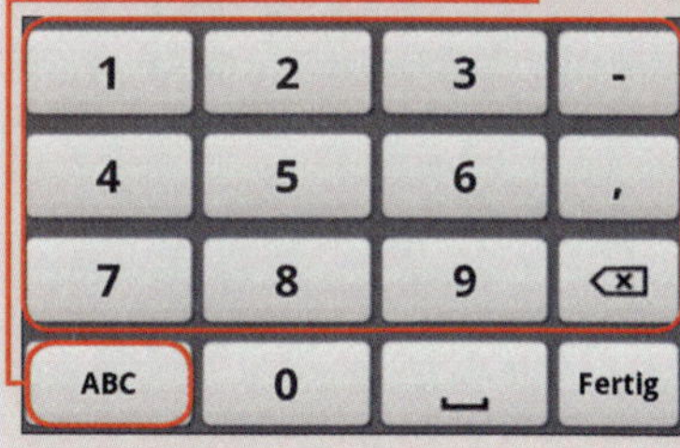

10 Zum Speichern des neuen Zugangspunktes tippen Sie unter dem Bildschirm Ihres Gerätes wieder auf die rechte Taste ●

und anschließend auf ●.

Der neu angelegte Zugangspunkt erscheint daraufhin in der Liste, im Beispiel ●,

und kann, wie in Schritt 4 dieser Anleitung auf Seite 30 erläutert, ausgewählt werden.

Schlaf gut! Stromsparen und Ausschalten

Sie werden feststellen, dass Ihr Gerät nach einer gewissen Zeit von alleine ausgeht. Dabei wird der Bildschirm abgeschaltet, und das Gerät spart deutlich Strom ein, ist aber immer noch „an" und kann Nachrichten empfangen, Anrufe entgegennehmen etc. Um die Zeitspanne festzulegen, die das Gerät unbenutzt verbringt, bis es den Bildschirm abschaltet, gehen Sie folgendermaßen vor:

1 Navigieren Sie in den Haupt-Einstellungsbildschirm, wie in Schritt 1 auf Seite 23 gezeigt, und tippen Sie dort auf ●.

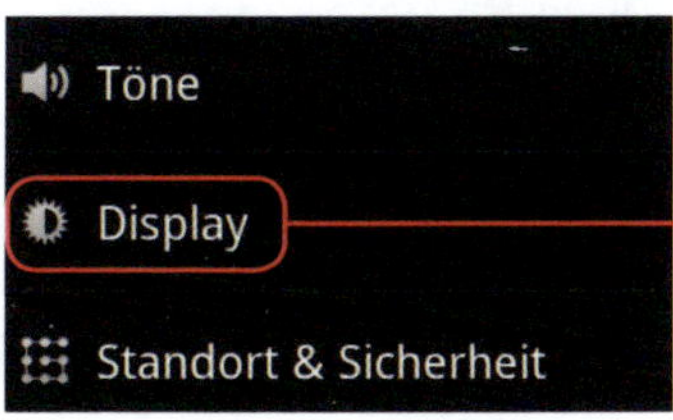

2 Wenn Sie daraufhin mit dem Finger den Eintrag ●

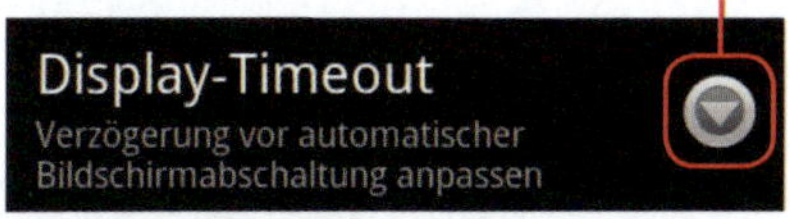

berühren, öffnet sich eine kleine Auswahlliste, in der Sie durch Antippen entscheiden können, wie viele Sekunden oder Minuten vergehen sollen, bis sich der Bildschirm des Gerätes automatisch ausschaltet.

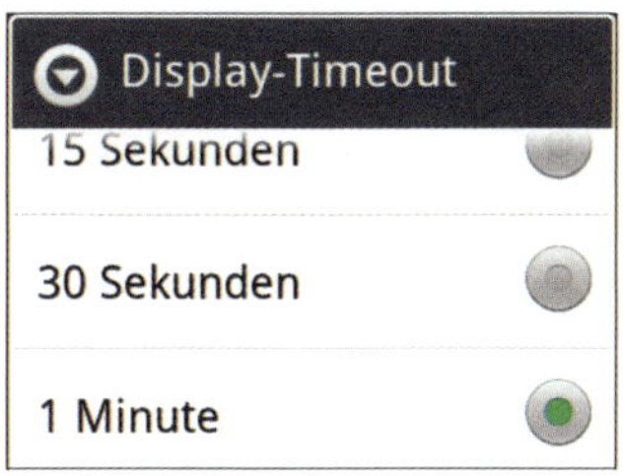

Energiesparen und Komfort

Experimentieren Sie ein wenig mit den Einstellungen herum: Je kürzer Sie die Zeitspanne wählen, desto schneller wird der Bildschirm (einer der größten Stromverbraucher des Gerätes) ausgeschaltet, und desto mehr schonen Sie den Akku.
Auf der anderen Seite kann es durchaus störend sein, wenn man eine Adresse herausgesucht hat – und kurz bevor man diese auf die Postkarte aus dem Urlaub schreiben kann, der Bildschirm schon ausgeht. Die richtige Balance zwischen Energieeffizienz und Komfort ist hier wichtig.

3 Damit die gerade vorgenommene Einstellung gespeichert wird und Sie wieder direkt auf den Startbildschirm gelangen, genügt wie üblich ein Tastendruck auf.

4 Wenn Sie das Gerät komplett ausschalten wollen, um gar keinen Strom mehr zu verbrauchen, dann geht das noch einfacher: Halten Sie dazu den Ein-/Ausschalters

einfach einen Moment länger gedrückt. Daraufhin wird eine kleine Auswahlliste angezeigt, in der Sie durch Antippen blitzschnell das Gerät ausschalten, den Flugmodus

anwählen oder auch den Ton ausschalten können.

5 Legen Sie Ihr Gerät noch nicht zur Seite! Es versichert sich jetzt noch einmal, ob Sie es wirklich ausschalten möchten. Zur Bestätigung tippen Sie auf.

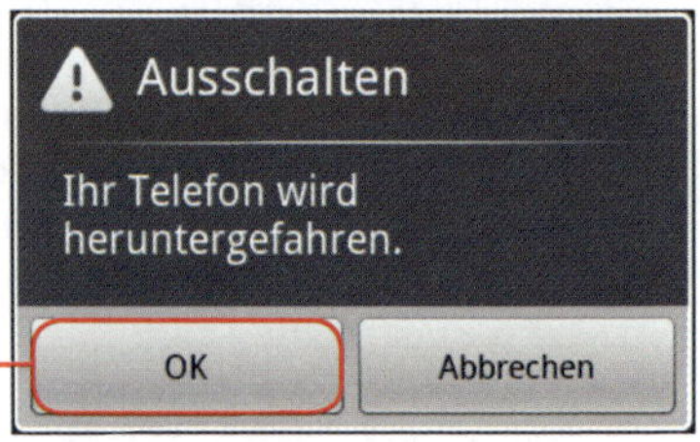

Android schaltet nun erst alle Funksender aus und zeigt dies auf dem Bildschirm an:.

Anhand eines kurzen Vibrationssignals erkennen Sie, dass das Gerät tatsächlich ausgeschaltet wurde. In diesem Zustand verbraucht es keinen Strom mehr. Das bedeutet, dass Sie nicht mehr telefonisch erreichbar sind und erst wieder Nachrichten empfangen können, nachdem Sie das Gerät wieder eingeschaltet haben. Der Vorteil: Das ausgeschaltete Gerät ist durch den PIN-Code geschützt.

Bluetooth-Funkverbindung verwenden

Bluetooth ist ein genormter Kurzstreckenfunk, mit dem sich Geräte schnell und einfach verbinden lassen, ohne dass dafür störende Kabel notwendig sind. Im Folgenden wird Ihnen gezeigt, wie Sie damit eine Freisprecheinrichtung (ein sogenanntes Headset) verwenden. Die Methode lässt sich aber auch beliebig auf andere Geräte übertragen.

1 Um den Bluetooth-Sender zu aktivieren, schalten Sie das Gerät ein, entsperren es und wechseln in die Einstellungen, wie auf Seite 23 gezeigt. Im daraufhin erscheinenden Einstellungsmenü tippen Sie zuerst mit dem Finger auf

und danach auf .

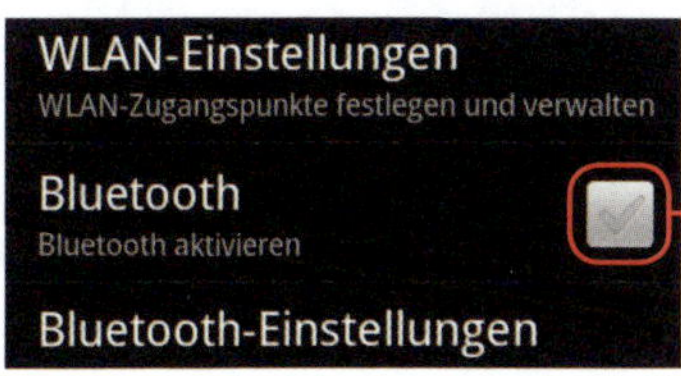

2 Ihr Gerät informiert Sie nun darüber, dass die Bluetooth-Funktion eingeschaltet wurde, indem zum einen hier

ein grüner Haken erscheint, und zum anderen am oberen Bildschirmrand ein kleines Symbol

auftaucht, dessen B-Form für Bluetooth steht.

3 Um nun Ihren Bluetooth-Sender nutzen zu können, dessen Einstellungen zu ändern oder eine Verbindung zu einem anderen Gerät herzustellen, tippen Sie mit dem Finger im selben Menü auf den Eintrag

.

4 Im nachfolgenden Menü lässt sich der Bluetooth-Sender auf Wunsch durch Tippen auf den Haken wieder ausschalten. Dann allerdings können Sie keine weiteren Einstellungen mehr vornehmen! Um jetzt den Namen Ihres Gerätes so zu ändern, wie er in der Suchliste eines anderen Gerätes erscheinen soll, tippen Sie auf .

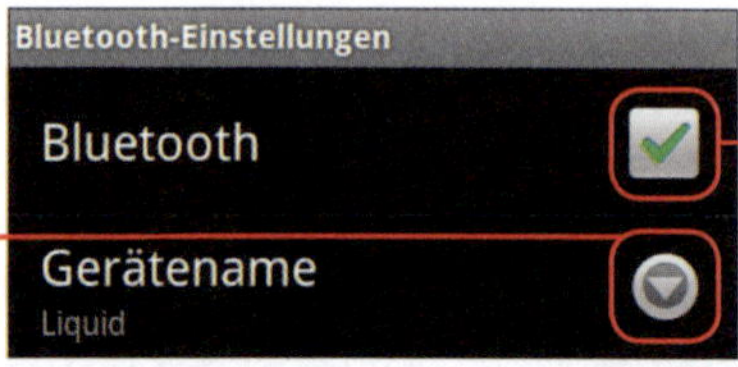

5 Danach tippen Sie im Eingabefeld auf

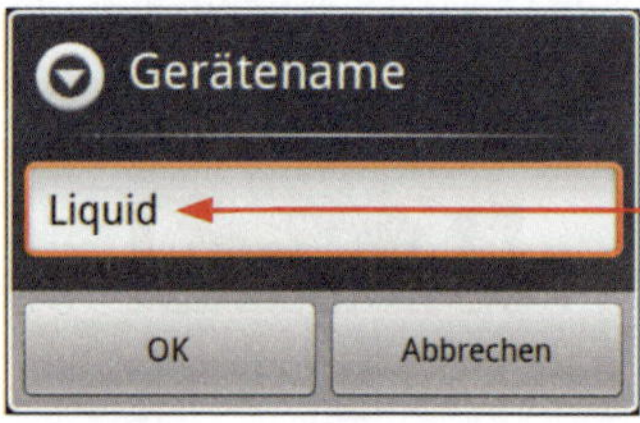

und anschließend auf der sich öffnenden Bildschirmtastatur so oft auf ,

bis der Name gelöscht ist. Geben Sie dann den neuen Namen des Gerätes ein, und speichern Sie den geänderten Namen per Fingertipp auf

.

Dieser wird dann sofort in den Bluetooth-Einstellungen angezeigt, im Beispiel .

Warum der Gerätename so wichtig ist

Stellen Sie sich die Kommunikation per Bluetooth zwischen zwei Geräten so vor: Die beiden Gesprächspartner sind eher schüchtern … Erst wenn sie einander vorgestellt wurden, haben sie den Mut, miteinander zu reden. Und nur Gesprächspartner, die miteinander reden wollen, sehen sich überhaupt. Man könnte also fast von einer elektronischen Kontaktbörse reden. Um eine Kommunikation aufzubauen, sucht der eine der Gesprächspartner nach gesprächsbereiten Personen in der Umgebung. Er sieht allerdings nur diejenigen, die sich auch als gesprächsbereit gemeldet haben. Bei Bluetooth-Geräten nennt man diese Gesprächsbereitschaft „Sichtbarkeit“, quasi die Absichtserklärung, sich zu unterhalten. Diese kann ein- oder auch ausgeschaltet werden. Da sich jedes Gerät mit seinem Namen vorstellt, ist es wichtig, diesen korrekt einzugeben. Es gibt nichts Unangenehmeres, als aus zwanzig „Liquid“ in der Umgebung den richtigen identifizieren zu müssen …

6 Im Standardfall ist ein Gerät „nicht erkennbar“ (siehe Kasten). Dies hat Sicherheitsgründe: Ein Gerät, das auf „erkennbar“ geschaltet ist, kann von jedem suchenden Bluetooth-Gerät gesehen werden. Rein theoretisch wäre es somit möglich, dass ein Fremder Zugriff darauf nimmt. Sie sollten die Sichtbarkeit daher nur dann zulassen, wenn Sie wirklich eine Verbindung mit einem anderen Gerät, das Ihr Gerät erkennen muss, herstellen möchten. Tippen Sie auf ●,

um die Einstellung zu ändern. Android begrenzt die Zeitspanne der Sichtbarkeit automatisch auf 120 Sekunden und hebt sie dann automatisch wieder auf. Bei eingeschalteter Sichtbarkeit können Sie hier ●

die verbleibende Zeit (angezeigt in Sekunden) sehen. Diese wird kontinuierlich heruntergezählt.

7 Die Verbindung mit einem anderen Gerät wird als „Kopplung“ bezeichnet. Vereinfacht werden die beiden Geräte miteinander bekannt gemacht und bestätigen beide, dass sie sich vertrauen. Dabei gibt es zwei Rollen: das aktive Gerät, das nach einem anderen sucht, und das passive, das auf eine Verbindung wartet. Letzteres muss „erkennbar“ sein (siehe vorigen Schritt). Wenn Sie zum Beispiel eine Freisprecheinrichtung verbinden möchten, muss diese natürlich erst „erkennbar“ geschaltet werden.

Da Freisprecheinrichtungen keine Bildschirme haben, können sie aber nicht über einen Dialog erkennbar gemacht werden. Stattdessen müssen Sie meistens eine oder zwei Tasten auf dem Gerät länger drücken. Ihr Android-Gerät durchsucht die Umgegend kontinuierlich nach verbindungswilligen Bluetooth-Geräten, und alle gefundenen werden hier ● in der Liste angezeigt. Sollte das gewünschte Gerät sichtbar, aber nicht in der Liste aufgeführt sein, tippen Sie einfach mit dem Finger auf ●!

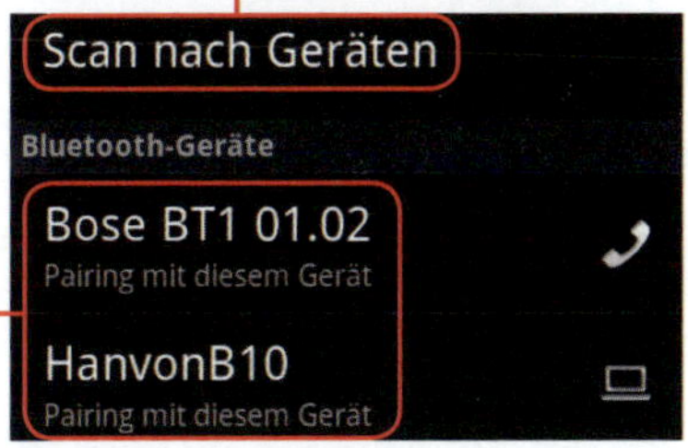

8 Zur Herstellung der Verbindung tippen Sie den Namen des Gerätes in der Liste an, im Beispiel

.

Bei vielen Freisprecheinrichtungen wird die Verbindung ohne weitere Nachfragen aufgebaut, was Sie an der Meldung ●

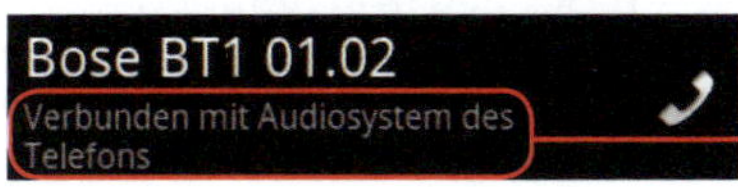

erkennen können. Gleichzeitig tauchen neben dem kleinen Bluetooth-Zeichen am oberen Bildschirmrand zwei Pfeile

auf, die anzeigen, dass Ihr Android-Gerät eine aktive Verbindung mit einem anderen Gerät eingegangen ist.

> **Zu Ihren Diensten**
>
> Der Bluetooth-Standard ist für unterschiedlichste Kommunikationsformen verwendbar. Eine Freisprecheinrichtung kann beispielsweise Klang hin- und herschicken, ein digitaler Fotoapparat Fotos senden und empfangen, ein Bluetooth-Stereo-Kopfhörer Musik in hoher Qualität empfangen etc. Je komplexer ein Gerät ist, desto mehr Dienste bietet es an. So ermöglichen Bluetooth-Stereo-Kopfhörer meist, sowohl Musik in hoher Qualität von Ihrem Android-Gerät auf den Kopfhörer zu übertragen als auch eine klassische Freisprechfunktion zum Telefonieren. Android koppelt Geräte intelligent und wählt immer den für die aktuelle Anwendung sinnvolleren Dienst aus.

Bluetooth mit Passwort koppeln

Wenn das Android-Smartphone statt beispielsweise mit einem Kopfhörer mit einem anderen mobilen Geräte kommunizieren soll, dann ist es wichtig, dass beide der Verbindung zustimmen. In einem solchen Fall ist die Eingabe einer PIN, einer persönlichen Identifikationsnummer, nötig. Diese steht meist in der Dokumentation des jeweiligen Gerätes. Bei manchen Verbindungen kann die PIN aber auch selbst gewählt werden, beispielsweise bei der Bluetooth-Verbindung zu einem Notebook. In dem Fall muss die gleiche PIN manuell an beiden Geräten eingegeben werden.

Das Kennwort hat hier den gleichen Sinn wie bei einem Sparbuch: Nur wer das Passwort kennt und sich damit als berechtigt ausweist, kann auch Geld abheben. Ein unehrlicher Finder hat zwar im schlimmsten Fall das Sparbuch, kann aber ohne das Kennwort kein Geld abheben und somit auch keinen Schaden anrichten.

1 Um das zu koppelnde Gerät auszuwählen, gehen Sie so vor, wie im vorherigen Abschnitt beschrieben. Daraufhin fordert Ihr mobiles Gerät Sie auf, die PIN einzugeben. Als kleine Hilfestellung werden Ihnen zwei von vielen Geräten als Standard verwendete PINs angezeigt:

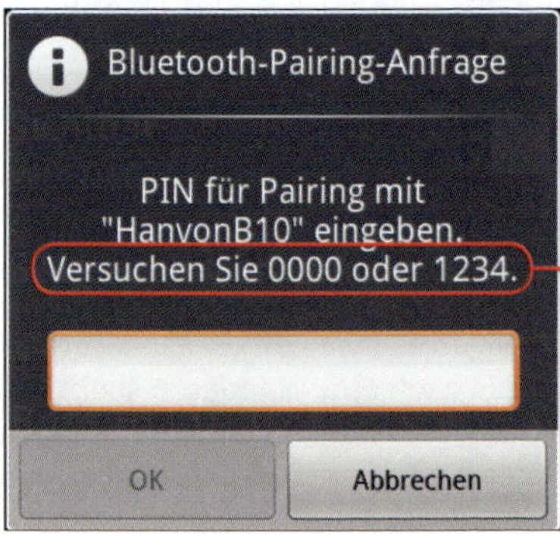

Um sicherzugehen, konsultieren Sie einfach das Handbuch des zu koppelnden Gerätes. Tippen Sie die PIN über die Bildschirmtastatur ein, und beenden Sie den Vorgang durch Antippen von

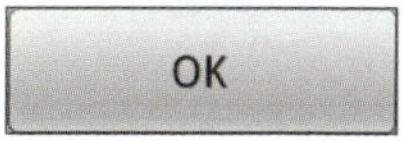

.

2 Wenn es sich bei dem zweiten mobilen Gerät um einen Rechner handelt, dann können Sie im vorigen Schritt eine beliebige PIN (zum Beispiel 1234) eingeben. Auf dessen Bildschirm wird dann ebenfalls ein Fenster geöffnet, in dem Sie über die Tastatur des Gerätes dieselbe PIN eingeben müssen. Dies ist intuitiv, folgen Sie einfach den Anweisungen auf dem Bildschirm. Wie bei jedem anderen Gerät wird die erfolgreiche Verbindung wieder direkt in der Liste der Geräte angezeigt:

Internetanbieter werden: Android als WLAN

Ihr Android-Gerät hat ein WLAN-Modul („Wireless LAN“, Englisch für kabelloses Netzwerk), mit dem Sie ebenfalls über eine geeignete Infrastruktur ohne Kabel ins Internet gehen können, und es hat einen eigenen Internetzugang über das Mobilfunknetz.

Wenn Sie nun mit Ihrem Notebook unterwegs sind, möchten Sie wahrscheinlich eher den Komfort von dessen großer Tastatur und dem größeren Bildschirm nutzen, statt mit der kleinen Bildschirmtastatur Ihres mobilen Gerätes zu arbeiten … Nur ist der Internetzugang in Ihrem Android-Handy!

Die charmante Lösung dieses vermeintlichen Dilemmas ist einfach und nennt sich „mobiler WLAN-Hotspot“.

1 Um diese Funktion zu aktivieren, schalten Sie das Gerät ein, entsperren es und wechseln in die Einstellungen, wie auf Seite 23 gezeigt. Im nun erscheinenden Einstellungsmenü tippen Sie zuerst mit dem Finger auf ●.

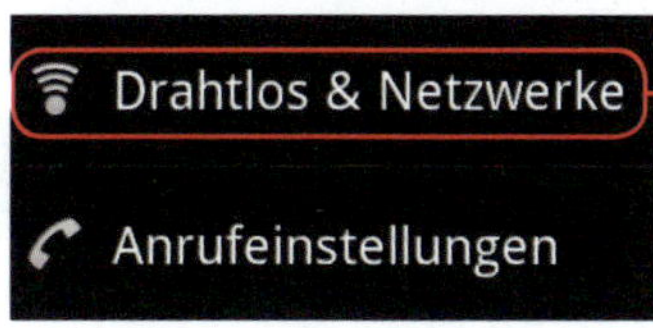

Rollen Sie dann – durch Wischen des Fingers auf dem Bildschirm nach oben – in den Auswahlmöglichkeiten nach unten, und tippen Sie auf ●.

2 Jetzt können Sie die Funktion aktivieren, indem Sie hier ● durch Antippen einen Haken setzen.

3 Damit sich ein anderes Gerät mit Ihrem Telefon verbinden kann, müssen Sie bei der ersten Nutzung noch einige Einstellungen vornehmen. Tippen Sie dazu auf ●

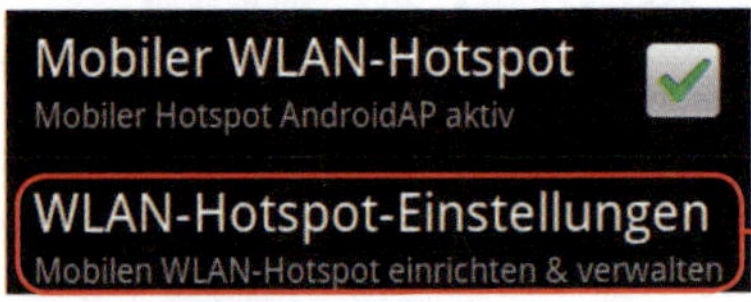

und anschließend auf

.

4 Jedes WLAN wird durch seinen Namen identifiziert. Daher sollten Sie den Standardnamen erst mal ändern. Tippen Sie dazu auf ●,

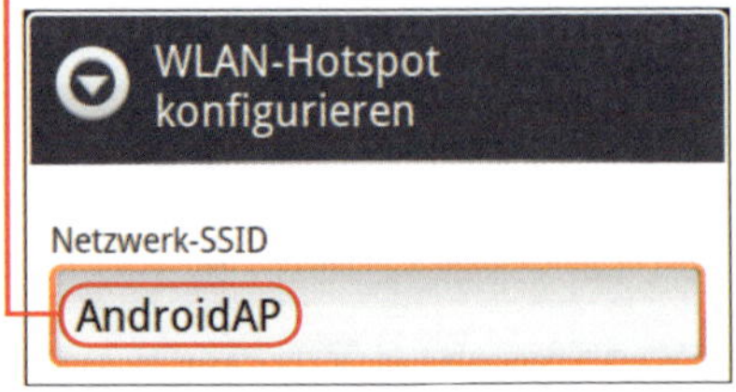

und geben Sie einen Namen Ihrer Wahl ein, wie auf Seite 31 beschrieben.

5 Wie bei jedem WLAN zu Hause ist es wichtig, dass nicht jeder Unbefugte, der sich in Reichweite Ihres WLANs befindet, eine Verbindung damit eingehen kann.

Auch beim mobilen WLAN-Hotspot können Sie eine Verschlüsselung einschalten und damit die Datenübertragung für Außenstehende nicht lesbar machen. Tippen Sie dazu als Erstes auf

Mobilfunkbetreiber fragen!

Viele Mobilfunkbetreiber bieten besonders günstige Internetpakete für mobile Geräte an. Diese basieren darauf, dass mobile Geräte wenige Daten übertragen und das Netz somit nur wenig belasten. Wenn Sie nun die Datenverbindung Ihres Telefons dazu nutzen, um über Ihr Notebook ins Internet zu gehen, erhöht sich der Datenverbrauch natürlich erheblich. Einige Netzbetreiber haben in ihren allgemeinen Geschäftsbedingungen verankert, dass eine Nutzung nur mit einem Telefon direkt erlaubt ist, und drohen höhere Gebühren oder sogar Strafzahlungen an. Im Zweifelsfall fragen Sie bei Ihrem Netzbetreiber nach.

und dann im sich öffnenden Menü auf ●,

damit dort ein grüner Punkt erscheint wie in der Abbildung.

6 Nun müssen Sie ein Passwort vergeben, das wiederum jeder, der sich mit Ihrem WLAN verbinden möchte, kennen und eingeben muss. Tippen Sie dazu auf ●,

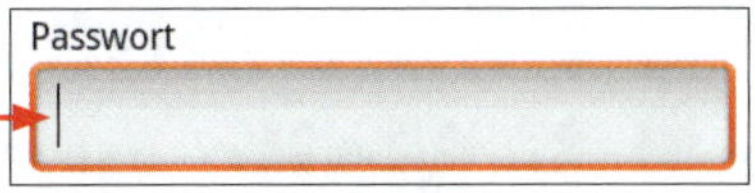

tragen Sie ein beliebiges, mindestens acht Zeichen langes Passwort über die Bildschirmtastatur ein, und speichern Sie es per Fingertipp auf

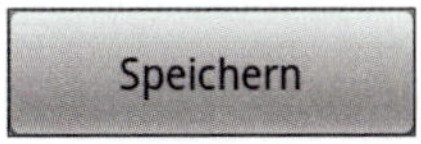

.

Anschließend können Sie sich von Ihrem Notebook oder stationären Rechner aus wie mit jedem anderen WLAN verbinden und kommen so kabellos über die Mobilfunkverbindung Ihres Android-Gerätes ins Internet.

3 Informationen und E-Mails unterwegs

Natürlich können Sie sich die Informationen, die Sie interessieren, auch zu Hause beschaffen. Wahre Mobilität zeigt sich aber gerade dann, wenn man selbst unterwegs ist und trotzdem Zugriff auf wichtige Daten hat. Warum also mit dem Abrufen von **E-Mails** warten, bis der heimische PC in Reichweite ist? Warum die aktuellen Nachrichten erst im Büro lesen, wenn im mobilen Gerät doch ein Telefon integriert ist? Der Abruf von E-Mails ist unterwegs eine der leichtesten Übungen - und entgegen manch kritischer Meinung nicht nur Wichtigtuerei, sondern ein spürbarer Produktivitätsgewinn. Denn Tätigkeiten, die man bei unvermeidlichen Wartezeiten unterwegs erledigen kann, verschaffen mehr Freizeit. Und wer unterwegs die aktuelle Verkehrslage überprüft, kann den Stau umfahren - ebenfalls in jeder Hinsicht ein Zeitgewinn.

Im dritten Kapitel dieses Buches erfahren Sie,

- wie Sie Internetseiten aufrufen,
- wie Sie ein E-Mail-Postfach einrichten
- und wie Sie E-Mails schreiben und versenden.

Kapitel-Wegweiser

Ins Internet gehen

Standardmäßig hat Android bereits ein Internetzugangsprogramm mit an Bord. Dieser „Browser“ ist zwar von seiner Funktionalität und Bedienung her nicht so komplex wie der Internet Explorer auf Ihrem Rechner zu Hause, für das Aufrufen von **Internetseiten** unterwegs aber vollkommen ausreichend. Alternativ gibt es auch andere Programme, wie etwa den „Opera Mobile“, den Sie über den Android Market (siehe Seite 116) herunterladen können. Dessen Bedienung funktioniert sehr ähnlich. Auch wenn sich die folgende Beschreibung am Android-Browser orientiert, lassen sich die Anleitungen auf die alternativen Programme übertragen. Voraussetzung für das mobile Kommunizieren ist die korrekte Einrichtung einer Internetverbindung, wie sie Ihnen im letzten Kapitel gezeigt wurde.

Den Browser starten

Der erste Schritt ins mobile Internet ist der Start des Zugangsprogramms. Dies unterscheidet sich nicht vom Vorgehen auf einem PC.

1 Schalten Sie das Gerät ein, und entsperren Sie es wie gewohnt. Tippen Sie dann mit dem Finger auf das Symbol ●.

2 Direkt nach dem Start des Internetanzeigeprogramms wird automatisch die Startseite geladen. Auf dem Bildschirm sehen Sie jetzt den Inhalt der aktuell geladenen Internetseite, im Beispiel ●, und die dazugehörige Internetadresse, hier ●.

3 Internetseiten sind auf die Seitenverhältnisse eines normalen Monitors ausgelegt und damit eher breit als lang. Insofern macht es Sinn, Ihr Gerät einfach in der Hand zu drehen - dann dreht sich auch die Anzeige der Internetseite im **Browser** ins Querformat.

Einschalten der automatischen Bildschirmdrehung

Android-Geräte sind standardmäßig so eingestellt, dass sie den Bildschirm beim Drehen des Gerätes automatisch mitdrehen, zumindest in den meisten Anwendungen wie dem Browser, dem E-Mail-Programm und vielen mehr.

Wenn dies nicht automatisch geschieht, wurde diese Funktion vielleicht manuell ausgeschaltet. Um sie wieder einzuschalten, wechseln Sie wie gewohnt in die Einstellungen. Dann tippen Sie auf

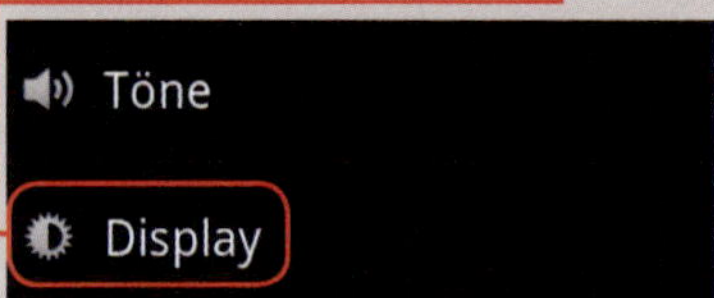

und setzen hier ebenfalls per Fingertipp einen Haken.

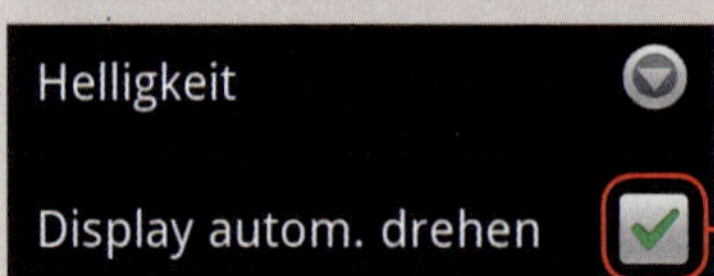

Internetseiten aufrufen

Die Startseite ist der automatische Einstiegspunkt, die Seite, die als Erstes geöffnet wird, sobald Sie den Android-Browser starten. In der Regel aber werden Sie verschiedene Seiten aufrufen und müssen dann deren Adressen manuell eingeben.

1 Tippen Sie mit dem Finger auf , und geben Sie über die **Bildschirmtastatur** die Adresse der Internetseite ein, die Sie aufrufen wollen.

2 Sobald Sie zur Bestätigung Ihrer Eingabe auf der Bildschirmtastatur auf

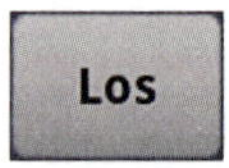

tippen, versucht Ihr mobiles Gerät, die Seite zu laden.

Form der Internetadresse

Eine Internetadresse beginnt klassischerweise immer mit **http://www.** Dies weiß aber auch der Android-Browser Ihres mobilen Gerätes. In den allermeisten Fällen reicht es, den Namen der Internetadresse einzutippen, ohne diese führenden Informationen voranzustellen, also beispielsweise „worldofppc.com" statt **http://www.worldofPPC.com**. Das geht einfach schneller!

Mobile Versionen von Internetseiten

Wer oft im Internet surft, der kennt das Dilemma: Vollgepfropft mit einer Vielzahl von Informationen und Grafiken sind die Seiten teilweise schon auf dem großen Monitor eines Rechners kaum noch vollständig zu sehen. Das kleinere Display eines mobilen Gerätes hat es da noch schwerer.

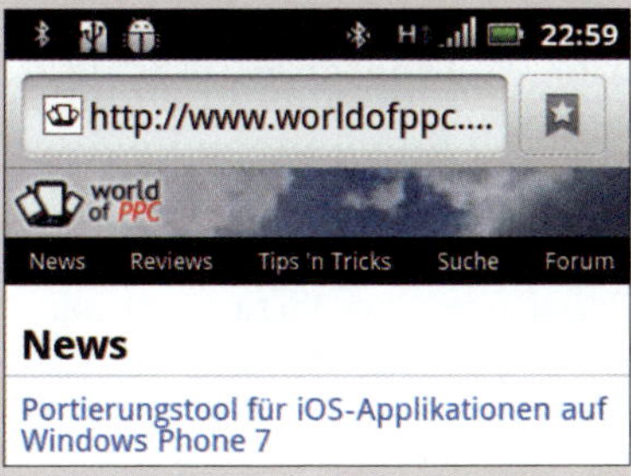

Aus diesem Grund stellen viele Informationsanbieter im Internet mobile Versionen der eigenen Internetseiten zur Verfügung. Deren Darstellung ist auf die kleinen Displays optimiert und präsentiert die Informationen in lesbaren Häppchen. Achten Sie darauf, ob sich auf einer Internetseite eine entsprechende Verknüpfung „Mobile Version“

befindet. Diese brauchen Sie dann nur anzutippen, um die mobile Version zu laden.

3 Sollte die eingegebene Internetadresse nicht existieren oder nicht gefunden werden, dann bietet Ihnen der Android-Browser einen besonderen Service: Er startet die **Suchmaschine** Google und trägt den Namen, den Sie als Adresse eingegeben haben, direkt in das Suchfeld ein. Dann startet er eine Internetsuche nach dem bislang nicht gefundenen Begriff, den Sie möglicherweise nur nicht ganz korrekt eingegeben hatten. Kurze Zeit später finden Sie als Suchergebnis alle Seiten, die diesen Begriff enthalten. Oft ist es so, dass die Suchergebnisse die tatsächliche Adresse der eigentlich gewünschten Internetseite liefern. Tippen Sie in dem Fall einfach auf den blau hinterlegten Titel, etwa ●,

damit diese Seite geladen wird. Ansonsten wiederholen Sie diese Anleitung und geben die Adresse korrekt ein.

Auf Internetseiten navigieren

Geringe Größe des Bildschirms und viel Inhalt auf einer Internetseite, die auf einen riesigen Monitor ausgerichtet ist: Das klingt nach einem Rezept für viel Frust. Ist es aber nicht. Bei Android wurde viel Wert darauf gelegt, dass Sie das Internet unterwegs schnell, ohne komplizierte Bedienschritte und möglichst einhändig nutzen können.

1 Halten Sie den Daumen oder einen beliebigen anderen Finger auf den Bildschirm Ihres mobilen Gerätes, und bewegen Sie diesen, um die Seite in die Richtung zu bewegen, in die Sie Ihren Finger führen.

Das Prinzip ist leicht erklärt: Stellen Sie sich die Internetseite wie ein DIN-A4-Blatt im Querformat vor. Der momentane Ausschnitt, den Sie auf dem Bildschirm Ihres Gerätes sehen, ist ein kleines Fenster. So, wie Sie dieses Fenster über das Blatt schieben würden, um einen nicht sichtbaren Teil sehen zu können, so bewegen Sie Ihren Finger über die geladene Internetseite.

2 Bei einer nicht auf ein mobiles Gerät optimierten Internetseite ist es der Normalfall, dass Sie den Text nicht lesen können, weil er viel zu klein dargestellt wird. Die meisten Seiten bieten dem Android-Browser aber einen guten Hinweis, wie er Ihnen behilflich sein kann. Informationen stehen in Textfeldern, in Spalten, in Kästen, sind also so strukturiert, dass sie sowohl für Sie als auch für das Programm leicht zu erkennen sind.

Um nun einen speziellen Bereich zu vergrößern, tippen Sie zweimal schnell hintereinander mit dem Finger hinein, zum Beispiel hierhin:

Die Darstellung des angetippten Bereichs wird daraufhin automatisch vergrößert:

3 Wenn Sie anschließend erneut zweimal schnell hintereinander auf den Bildschirm tippen, wird die Internetseite wieder wie zuvor verkleinert dargestellt.

Allein die Kombination dieser beiden Schritte ermöglicht es Ihnen, in ungeahnter Geschwindigkeit an die relevanten Informationen einer Internetseite zu gelangen. Ob Nachrichten, Börsenkurse, Blogs oder Spieleseiten: Unterwegs informiert zu sein, ist nicht schwer, auch wenn der Bildschirm klein ist!

4 Falls das automatisierte Wählen der richtigen Ansicht und Größe nicht funktionieren sollte, kann der sogenannte Zoomfaktor (also die Größe, in der der Inhalt einer Internetseite dargestellt wird) manuell eingestellt werden. Dazu bewegen Sie die Internetseite ein wenig (wie in Schritt 1 beschrieben). Dann erscheinen unten rechts auf dem Bildschirm zwei Lupentasten. Tippen Sie auf , um die Ansicht zu verkleinern, oder auf , um sie zu vergrößern.

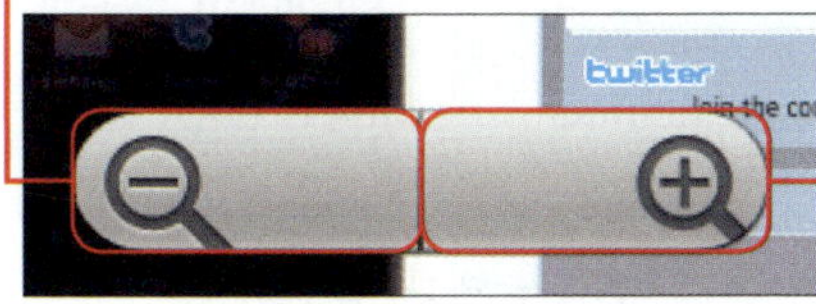

Links und ihre Bedeutung

Internetseiten sind immer zusammengesetzte Informationen: Sie laden eine Übersichtsseite, und die Informationen (die meist viel zu umfangreich sind, um auf einem Bildschirm dargestellt zu werden) können über „Links" oder „Hyperlinks" erreicht werden. Das sind Verknüpfungen, die den Android-Browser beim Antippen dazu veranlassen, die entsprechende Internetseite zu laden.
Damit Sie nach dem Antippen einer Verknüpfung wieder auf die vorige Seite zurückkommen, tippen Sie auf Ihrem Gerät unter dem Bildschirm auf die Taste .

5 Wenn Sie auf der angezeigten Internetseite einer Verknüpfung folgen möchten, tippen Sie sie einfach an. Verknüpfungen werden als blau hinterlegter Text dargestellt, etwa: ●.

Einstellungen für den Browser ändern

Nachdem Sie jetzt schon einige Zeit im Internet gestöbert haben und sich in der Bedienung des Programms gut auskennen, wird es Zeit, einige Einstellungen vorzunehmen, die Ihnen noch mehr Komfort bieten.

Startseite einrichten

Die Startseite ist die Internetseite, die automatisch erscheint, sobald der Browser geöffnet wird. Im Standard ist dies bei Android die Google-Suchseite, die Sie schon auf Seite 45 kennengelernt haben.

In der Regel haben Sie aber eine bestimmte Seite, die Sie häufig besuchen und deren Adresse Sie nicht immer manuell eingeben möchten. So machen Sie sie zu Ihrer persönlichen Startseite:

1 Starten Sie den Browser, und rufen Sie dann die Internetseite auf, die Sie als Startseite verwenden wollen.

2 Tippen Sie anschließend unter dem Bildschirm als Erstes auf die Taste für die Einstellungen ●,

danach im sich nun öffnenden Menü mit dem Finger auf ●

und zu guter Letzt auf ●.

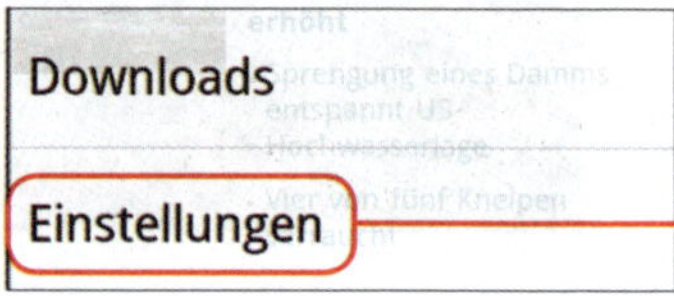

3 Rollen Sie wie gewohnt durch Wischen des Fingers auf dem Bildschirm nach oben durch das Menü, und tippen Sie dann auf den Eintrag ●.

4 Daraufhin öffnet sich ein kleines Fenster, in dem die Adresse der aktuellen Startseite, beispielsweise ●, angezeigt wird. Um stattdessen künftig die gerade aufgerufene Seite als Startseite zu verwenden, tippen Sie einfach auf ●

und speichern diese Einstellung per Fingertipp auf

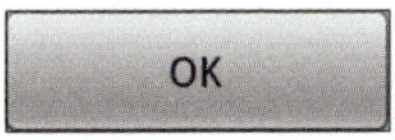

.

Standardansicht der Seiten bestimmen

In der Werkseinstellung versucht Ihr Android-Gerät, Internetseiten für Sie optimal darzustellen. Dazu gehören die Schriftgröße, die Anzeige der gesamten Seite oder auch das Blockieren von sogenannten Pop-ups (meist Werbung, die sich über die aktuelle Internetseite legt und auf einem mobilen Gerät besonders störend ist). Wenn Sie mit diesen Standardeinstellungen nicht einverstanden sind, ändern Sie sie doch einfach!

1 Die Bildschirme moderner mobiler Geräte, wie Ihr Android-Telefon eines ist, haben eine hohe Auflösung, können also auch sehr kleinen Text lesbar darstellen … wenn Ihre Augen dies mitmachen! Andernfalls haben Sie Gestaltungsspielraum. Um etwa die Textgröße zu verändern, tippen Sie in den Einstellungen (siehe Schritt 2 im vorigen Abschnitt) ganz oben auf dem Bildschirm auf ●

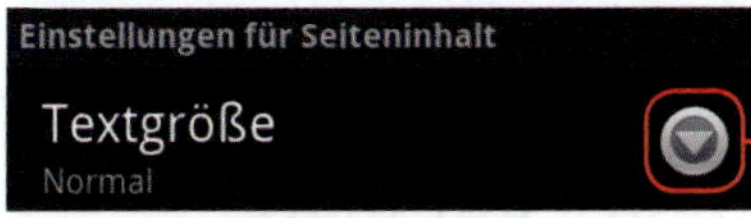

und in der sich öffnenden Liste auf eine der gewünschten Schriftgrößen. Dazu brauchen Sie nur in den jeweiligen Kreis zu tippen.

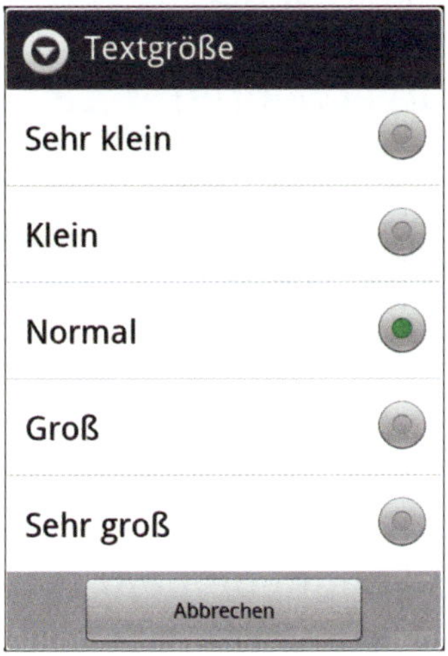

2 Die Einstellung für die Textgröße hat einzig und allein Einfluss auf die

*Text*passagen der Seite. Im Gegensatz zum Zoom (siehe Seite 47) werden Grafiken und andere Elemente der Seite durch diese Einstellung nicht verändert dargestellt. Dieselbe Seite sieht in großer Textgröße so aus:

Und in kleiner Textgröße so:

3 Der Android-Browser wählt beim Aufrufen einer Internetseite automatisch einen gewissen Zoomfaktor, der Einfluss auf die Darstellung der Gesamtseite hat (siehe auch Seite 46). Durch ein Tippen auf

und die anschließende Auswahl aus der sich öffnenden Liste

können Sie diesen verändern.

4 Am Ende der Einstellungsseite finden sich zwei Optionen, die nur ein- oder ausgeschaltet werden können, aber trotzdem eine große Wirkung auf die Nutzbarkeit des Android-Browsers haben. Wenn Sie beispielsweise eine Bankseite aufrufen, benötigen Sie die im Standard ausgeschalteten Pop-ups. Um diese in besagtem Fall zu aktivieren, entfernen Sie per Fingertipp hier

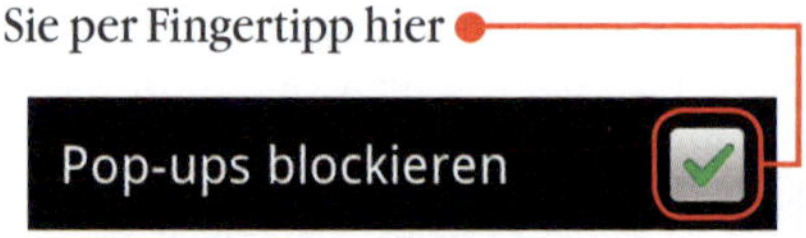

den Haken. Und falls Sie nur über eine langsame Internetverbindung verfügen oder wenig Datenvolumen verursachen wollen, verzichten Sie doch einfach auf das Laden von Bildern, indem Sie auch hier den Haken entfernen.

Internetspuren löschen

Das Laden einer Internetseite ist viel komplexer, als es auf den ersten Blick den Anschein hat. Eine Seite besteht aus einer Vielzahl von Elementen: Texten, Bildern, Verknüpfungen etc. und dazu einer „Bauanleitung", die all diese Elemente zu einer Internetseite zusammensetzt. Die einzelnen Elemente werden zuerst aus dem Internet geladen, dann nimmt sich der Browser diese Bauanleitung und setzt all das zusammen, was Sie später auf dem Bildschirm sehen. Die einzelnen Elemente werden im Speicher Ihres mobilen Gerätes zwischengespeichert und nehmen dort Platz weg, der irgendwann einmal auf dem Gerät fehlen kann. Daher ist es ratsam, diese Elemente hin und wieder zu löschen:

1 Wechseln Sie in die Einstellungen, wie auf Seite 23 gezeigt. Rollen Sie dann durch Wischen des Fingers über den Bildschirm nach unten, und tippen Sie auf .

Wenn der Cache bereits leer ist, erscheint der Menüeintrag zum Löschen ausgegraut und kann nicht angewählt werden:

2 Bevor alle Informationen aus dem oben beschriebenen temporären Speicher gelöscht werden, fragt Ihr Android-Gerät sicherheitshalber noch einmal nach, ob Sie dies wirklich wollen. Tippen Sie zur Bestätigung auf .

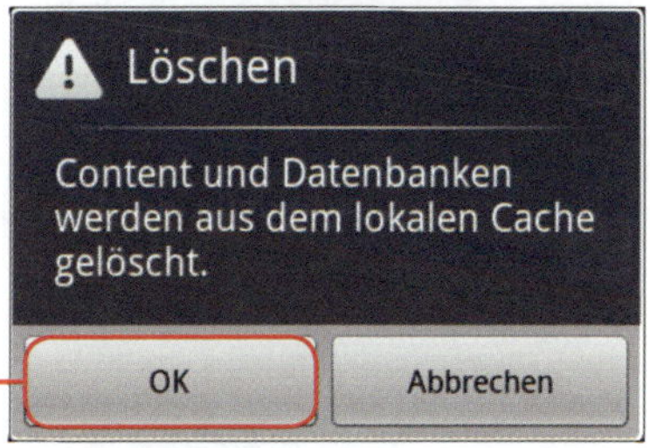

3 Neben dem Cache gibt es einen weiteren „verräterischen" Speicher Ihrer Internetaktivitäten: den sogenannten Verlauf. Diesen zu löschen, macht nicht unbedingt wegen der Speicherersparnis Sinn, sondern aus Datenschutzgründen: Damit kann niemand mehr nachvollziehen, welche Internetseiten Sie aufgerufen haben. Tippen Sie im Einstellungsmenü auf ,

> **Vor- und Nachteile des Cache**
>
> Das Löschen des Cache hat mehrere unterschiedliche Aspekte: Zum einen enthält er viele Informationen über Ihre Aktivitäten im Internet, und die dazugehörigen Daten sollten nicht in jedermanns Hände geraten. Gleichzeitig verbraucht der Cache wertvollen Speicher auf dem Gerät. Ein regelmäßiges Löschen ist also durchaus empfehlenswert.
>
> Auf der anderen Seite muss Ihr Gerät weniger Daten laden, wenn es bereits aufgerufene (und damit im Cache befindliche) Seiten lädt – was wiederum die Ladezeit verkürzt und Datenvolumen spart. Besonders im Ausland empfiehlt es sich daher, den Cache eine Weile nicht zu löschen!

und bestätigen Sie Ihren Löschwunsch per Fingertipp auf .

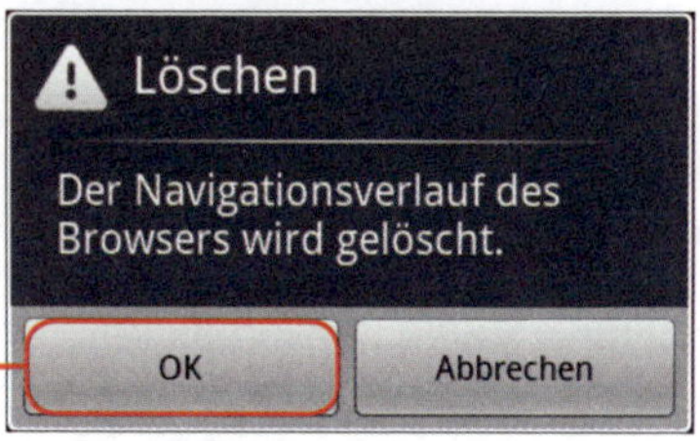

Auch hier wird die Option im Menü ausgegraut, wenn der Speicher der besuchten Seiten leer ist.

4 Wenn Sie Internetseiten besuchen und dort Eingaben machen (zum Beispiel sich mit Ihrem Kundenkonto anmelden, Ware in den virtuellen Warenkorb legen etc.), dann werden bei Android - wie bei jedem stationären Rechner auch - sogenannte Cookies gespeichert. Diese kleinen Dateien helfen der Internetseite, Sie bei einem erneuten Besuch zu erkennen, Sie richtig zu begrüßen oder Ihnen Produktempfehlungen zu geben.

Gerade bei einem mobilen Gerät, das leicht verloren gehen kann, sollten Sie sich überlegen, ob Sie diese Funktion sicherheitshalber lieber ausschalten.

Im Einstellungsmenü tippen Sie dazu auf , damit der Haken verschwindet und keine Cookies mehr gespeichert werden. Um vorhandene Cookies zu löschen, tippen Sie erst auf

und dann auf .

Wenn Sie Cookies grundsätzlich nicht akzeptieren, kann dies allerdings dazu führen, dass bestimmte Internetseiten nicht mehr funktionieren.

Lesezeichen einrichten und verwalten

Je öfter Sie unterwegs im Internet surfen, desto mehr Seiten werden Sie kennenlernen. Die eine Seite verweist auf eine weitere interessante Seite, die wiederum erwähnt die nächste, und Nullkommanichts haben Sie eine Liste von zig Internetseiten, die Sie in Ruhe ansehen wollen … Aber natürlich fehlt Ihnen die Zeit, dies direkt zu tun. Bevor Sie jetzt einen Stift zücken und einen Zettel bereitlegen, um sich die Internetadressen zu notieren, halten Sie ein: Es geht einfacher!

1 Schalten Sie das Gerät ein, entsperren Sie es wie gewohnt, und tippen Sie dann auf ●, um den Android-Browser zu starten.

2 Rufen Sie nun die Internetseite auf, die Sie sich später erneut ansehen möchten und die Sie daher als Favoriten speichern wollen (siehe Seite 44). Neben der Internetadresse finden Sie ganz rechts ein kleines Zeichen, das an ein Lesezeichen in einem Buch erinnert: ●.

Tippen Sie mit dem Finger darauf.

3 Daraufhin zeigt der Android-Browser eine Übersicht aller auf dem Gerät bereits gespeicherten Favoriten. Die aktuelle Seite wird hier ●

mit einem kleinen Minibild symbolisiert. Per Fingertipp auf dieses Minibild wird die aktuelle Seite als Favorit vorbereitet.

4 Im Fenster, das sich anschließend öffnet, können Sie den Namen ● und die Internetadresse ●

eingeben oder verändern. Verfahren Sie dazu, wie auf Seite 46 gezeigt, und bestätigen Sie die Eingabe durch Antippen von .

5 Wenn Sie die Adresse der Seite, die Sie wieder besuchen wollen, nicht mehr präsent haben, können Sie sich das Leben ganz einfach machen: Solange diese noch im Verlauf der besuchten Internetseiten ist (siehe Seite 51), tippen Sie einfach auf .

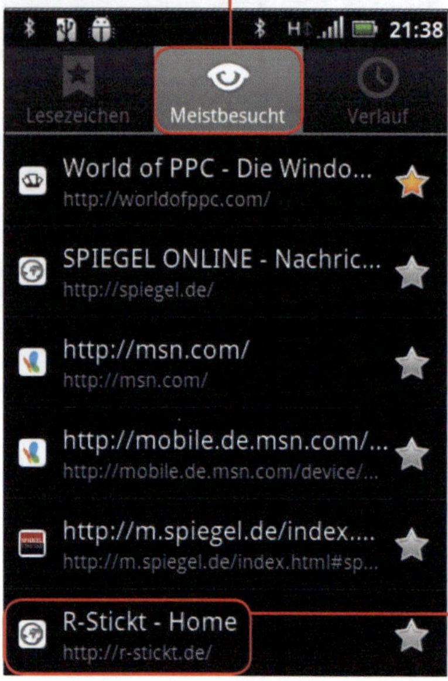

Sollten Sie die Seite häufig besucht haben, können Sie den Verlauf auch geordnet nach der Anzahl der Besuche (die am häufigsten besuchte Seite ganz oben, die am zweithäufigsten besuchte an zweiter Stelle etc.) anzeigen lassen. In dem Fall tippen Sie auf .

6 Um eine Seite aus dieser Liste zu einem Favoriten zu machen, tippen Sie einfach auf den kleinen Stern neben deren Namen, im Beispiel .

Der Stern wird daraufhin gelb , und zudem erscheint eine kleine Erfolgsmeldung .

7 Zum Aufruf eines Lesezeichens tippen Sie wieder, wie in Schritt 2 gezeigt, auf das Lesezeichensymbol. Der Android-Browser zeigt Ihnen eine Liste aller Favoriten an, die mittels kleiner Bilder der dazugehörigen Internetseite symbolisiert werden, sodass Sie sie später auf einen Blick erkennen können. Wenn Sie allerdings sehr viele Favoriten gespeichert haben, ist die gewünschte Seite vielleicht nicht auf den ersten Blick zu sehen. Wie üblich können Sie durch Wischen mit dem Finger nach oben oder unten auf dem Bildschirm durch die Liste rollen (siehe auch Seite 46). Tippen Sie das gewünschte Lesezeichen dann einfach an, im Beispiel ●.

8 Genauso einfach lässt sich ein Lesezeichen bei Bedarf auch wieder löschen. Berühren Sie dazu mit dem Finger den entsprechenden Eintrag in der Liste (siehe Schritt 7), bis sich ein kleines Menü öffnet. Tippen Sie darin auf ●,

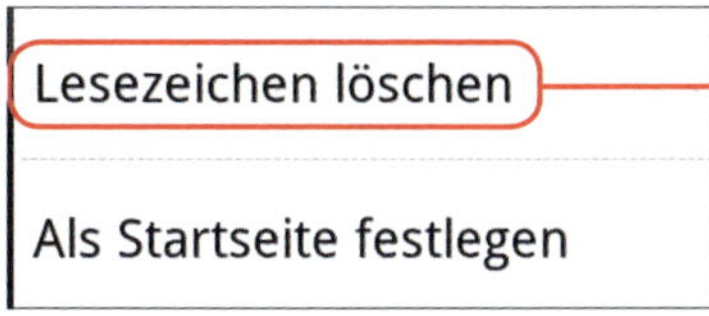

und bestätigen Sie das Löschen per Fingertipp auf ●.

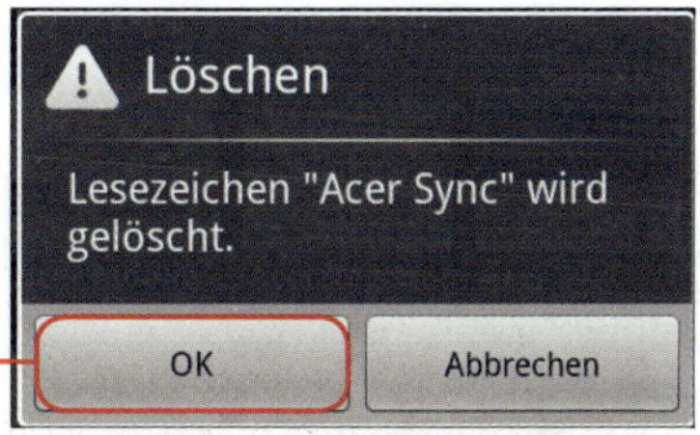

Elektronische Post: E-Mails unterwegs bearbeiten

Mittlerweile findet ein großer Teil der Kommunikation per E-Mail („Electronic Mail“ = elektronische Post) statt. Der Vorteil: Im Gegensatz zum Telefonat wird man sein Anliegen schnell los, ohne darauf warten zu müssen, dass der Empfänger den Ruf annimmt. Die E-Mail wird zugestellt, und sobald der Empfänger seinen elektronischen Briefkasten leert, hat er sie im Zugriff. Damit diese Art der Kommunikation funktioniert, ist es natürlich wichtig, die eigenen E-Mails relativ zeitnah abzurufen. Gerade wenn Sie länger unterwegs sind, kann das mobile Gerät hierbei eine gute Unterstützung sein. Denn es hält Sie kontinuierlich auf dem Laufenden.

Zwei Voraussetzungen müssen erfüllt sein, damit Sie die folgenden Anleitungen umsetzen können: Zum einen muss die Internetverbindung Ihres mobilen Gerätes korrekt eingerichtet sein (siehe Seite 27), zum anderen müssen Sie bereits bei einem E-Mail-Anbieter eine E-Mail-Adresse und das dazugehörige Postfach besitzen.

Google-Konto einrichten

Das Google-Konto, das Sie auf Seite 8 eingerichtet haben, ist nicht nur für die **Synchronisation** Ihrer Kontakte, Termine und die Abfrage von E-Mails wichtig, sondern auch für den Zugang zum Android Market (siehe Seite 116), in dem Sie Programme herunterladen können.

1 Um die Einstellungen für das Google-Konto vorzunehmen, wechseln Sie in das Einstellungsmenü (siehe zum Beispiel Seite 23) und tippen darin auf ●.

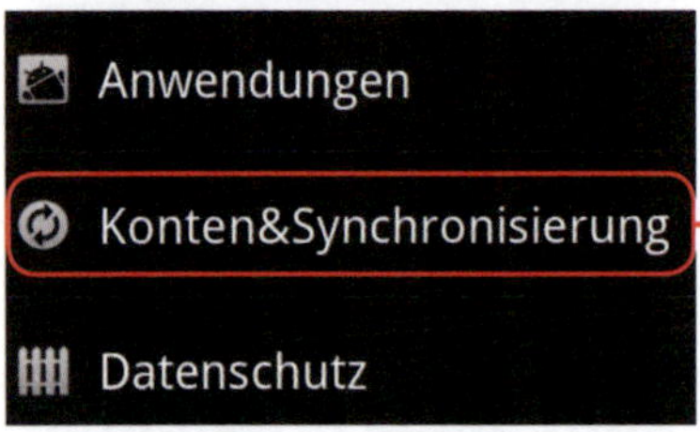

2 Standardmäßig wird jedes Konto automatisch abgefragt, und die darin befindlichen E-Mails werden auf das Gerät geladen. Wenn Sie dies nicht wünschen (um beispielsweise Datenvolumen zu sparen), entfernen Sie den Haken ●,

indem Sie ihn antippen. Und falls Sie den automatischen Abruf nur wünschen, wenn das E-Mail-Programm benutzt wird (und nicht jederzeit), entfernen Sie auch den anderen Haken ●.

3 Darunter wird Ihnen eine Liste der bereits auf Ihrem Gerät eingerichteten Konten angezeigt. Um ein neues Konto einzurichten, tippen Sie auf ●.

4 Android unterscheidet anfangs nicht zwischen dem Google-Konto und anderen Konten wie beispielsweise Twitter oder Facebook. Darum bekommen Sie zunächst eine Auswahl aller verfügbaren Kontotypen angezeigt. Diese kann sich von Gerät zu Gerät unterscheiden. Zum Einrichten Ihres Google-Kontos tippen Sie in der Liste auf .

5 Sie können mehr als ein einziges Google-Konto auf Ihrem Android-Gerät anlegen. Eines allerdings benötigen Sie in jedem Fall.

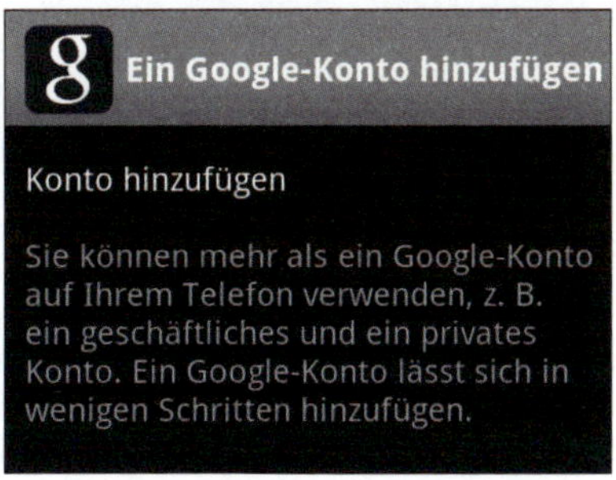

Tippen Sie mit dem Finger auf

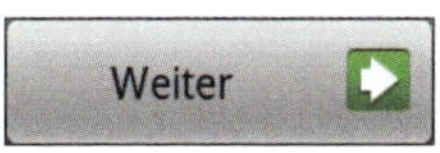

.

6 Da Sie ja bereits ein Google-Konto angelegt haben, können Sie nun getrost auf tippen. Per Fingertipp auf

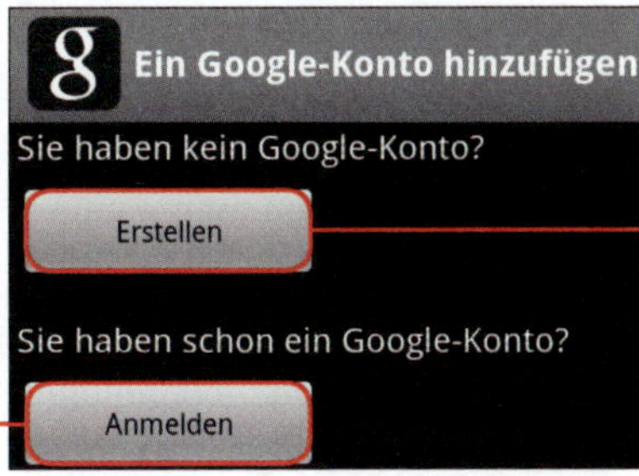

könnten Sie auch direkt am Gerät ein neues Google-Konto anlegen. Das allerdings ist aufgrund der geringen Größe des Bildschirms Ihres Gerätes eher mühsam.

7 Um sich anzumelden, tippen Sie dann mit dem Finger auf und geben wie gewohnt über die sich öffnende **Bildschirmtastatur** Ihren Google-Benutzernamen ein. Anschließend tippen Sie auf

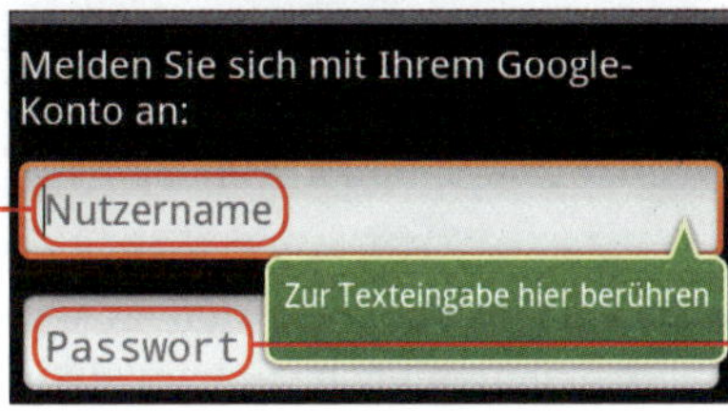

und geben das dazugehörige Passwort ein. Um den Kontakt zu Google herzustellen und die eingegebenen Daten zu überprüfen, tippen Sie jetzt auf

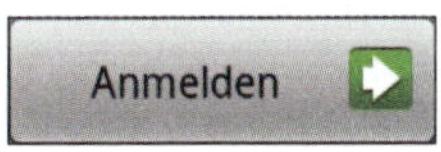

.

> **Benutzernamen bei Google**
>
> Sie bekommen bei der Anmeldung bei Google (siehe Seite 11) automatisch eine eigene E-Mail-Adresse zugewiesen, die sich aus Ihrem Benutzernamen und „googlemail.com“ zusammensetzt. Eingeben müssen Sie nur Ihren Benutzernamen (im Beispiel ●). Sobald Sie in das Passwort-Eingabefeld tippen, ergänzt Ihr Android-Gerät automatisch den Rest der E-Mail-Adresse, also ●.

8 Ihr Gerät verbindet sich daraufhin mit dem Internet, was Ihnen anhand eines sich bewegenden Balkens angezeigt wird.

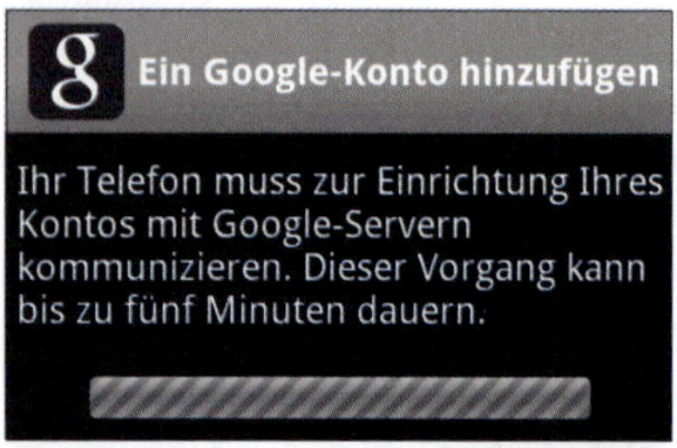

Nach wenigen Minuten (vorausgesetzt, Sie haben die richtigen Zugangsdaten zu Ihrem Konto eingegeben) können Sie entscheiden, ob Google für Sie ausgewählte Daten Ihres Gerätes in Ihrem Konto im Internet sichern soll. Zu den gesicherten Daten gehören unter anderem Zugangsdaten zu Netzwerken, Lesezeichen (siehe Seite 53) und Einstellungen vor Programmen. Wenn Sie diese Speicherung nicht wünschen, tippen Sie auf ● und entfernen damit den Haken. Tippen Sie danach auf ●.

9 Nachdem Ihr Telefon ist jetzt mit Ihrem Google-Konto verknüpft ist, werden in Zukunft die Daten der Google-Anwendungen synchronisiert. Das heißt, dass sie auch außerhalb Ihres Telefons gesichert werden. Beenden Sie das Einrichten Ihres Google-Kontos per Fingertipp auf

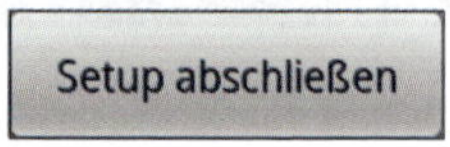

.

E-Mail-Postfach einrichten

Ein E-Mail-Postfach ist wie eine virtuelle Postfiliale, in der postlagernde Sendungen zur Abholung aufbewahrt werden. Ihrem mobilen Gerät teilen Sie mit der Einrichtung des E-Mail-Postfachs wie einem Boten einfach mit, wohin er Briefe bringen und wo er Briefe abholen soll und wie er sich ausweisen kann, damit das Postamt ihm Ihre Post tatsächlich aushändigt.

Obwohl Ihr Google-Konto ein eigenes Postfach hat, besitzen Sie meist bereits ein E-Mail-Postfach und wollen dieses auch mit Ihrem mobilen Gerät abfragen.

1 Tippen Sie als Erstes unter dem Bildschirm auf die Taste ●,

um auf die Startseite zu gelangen, dann auf ●

und schließlich im sich öffnenden Menü auf

.

2 Nun müssen Sie eine Menge an Informationen eingeben, die Ihr E-Mail-Konto betreffen. Dies sind dieselben Informationen, die Sie wahrscheinlich schon in Ihrem E-Mail-Programm auf Ihrem Rechner (z.B. Microsoft Outlook) eingegeben haben und die Sie vom Anbieter Ihres E-Mail-Kontos bei der Einrichtung genannt bekommen oder auch selbst festgelegt haben. Tippen Sie zunächst auf ●, und geben Sie Ihre E-Mail-Adresse ein, tippen Sie danach auf ●,

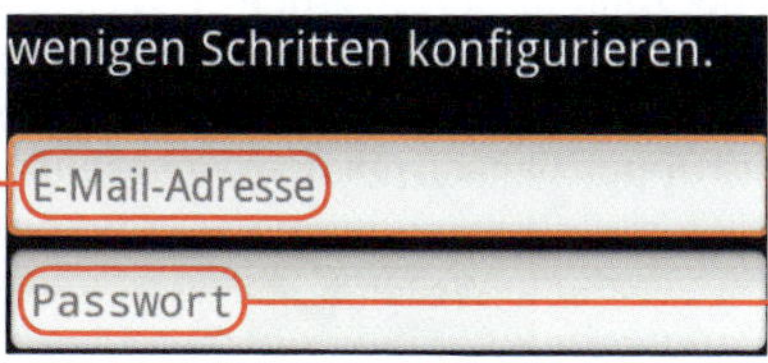

und geben Sie das dazugehörige Passwort ein. Bestätigen Sie Ihre Eingaben per Fingertipp auf

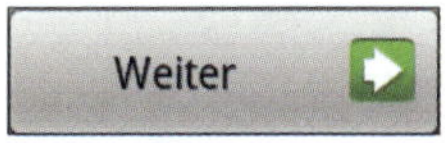

.

3 Im optimalen Fall erkennt Android anhand Ihrer E-Mail-Adresse Ihren Anbieter und stellt alle weiteren Informationen automatisch ein.

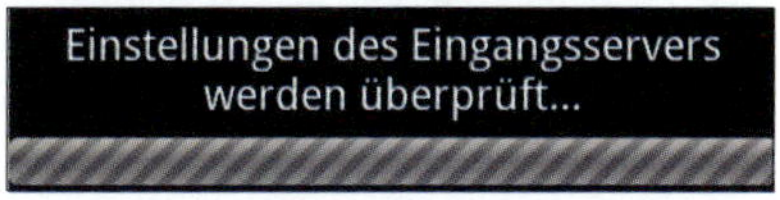

Nach einem kurzen Kontaktversuch zu Ihrem E-Mail-Anbieter sind Sie dann schon fast fertig.

4 Im daraufhin erscheinenden Fenster können Sie Ihren Namen eingeben, wie er in einer E-Mail für den Empfänger dargestellt werden soll. Tippen Sie dazu in das dafür vorgesehene Feld ●, und tragen Sie den Namen über die Bildschirmtastatur ein. Wenn Sie dem Konto in der Übersicht der E-Mail-Konten einen anderen Namen als den Ihrer E-Mail-Adresse geben möchten, tippen Sie noch auf ●

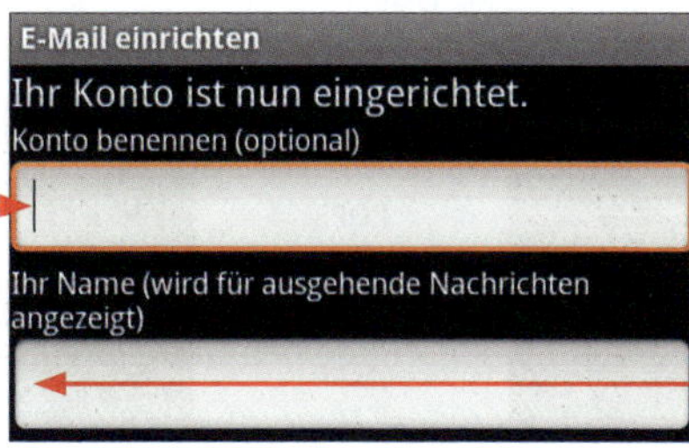

und geben den Namen wie gewünscht ein. Tippen Sie anschließend auf

.

E-Mail-Abruf unterwegs und zu Hause

Keine Sorge: Wenn Sie Ihre E-Mails auf dem Rechner zu Hause abrufen, werden diese in der Standardeinstellung vom E-Mail-Server (der die Rolle des Postamts hat) gelöscht. Demgegenüber setzt Android beim mobilen Abruf voraus, dass Sie die E-Mails auch zu Hause noch haben wollen. Sie werden also nicht gelöscht und stehen für den Rechner und das E-Mail-Programm immer noch zur Verfügung.

5 Falls Sie einen nicht ganz so verbreiteten E-Mail-Anbieter haben, den Android nicht erkennt, dann bekommen Sie in Schritt 3 statt der Kontaktmeldung einen Auswahlbildschirm angezeigt und müssen einige Daten zusätzlich manuell eingeben. Das ist nicht weiter schwer: Zunächst tippen Sie bei einem Standardpostfach auf.

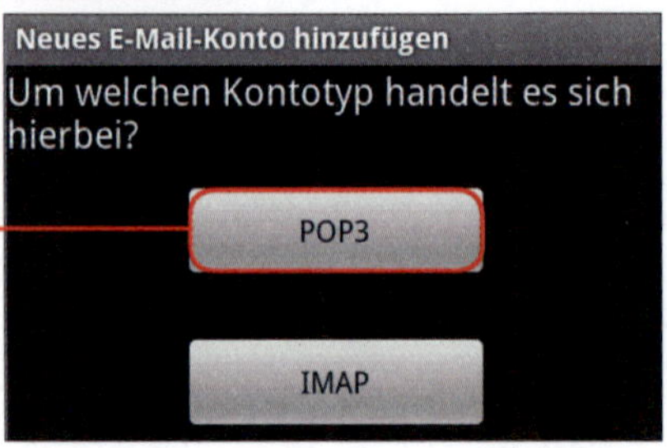

6 Als Erstes geht es um die Zugangsdaten zu Ihrem Postfach. Einige davon versucht Android bereits automatisch auszufüllen. Tippen Sie auf, und korrigieren Sie gegebenenfalls den Benutzernamen, den Sie zur Anmeldung an Ihrem E-Mail-Postfach verwenden. Das Passwort, das Sie in Schritt 2 dieser Anleitung eingegeben haben, wird übernommen – natürlich nur verschlüsselt dargestellt,

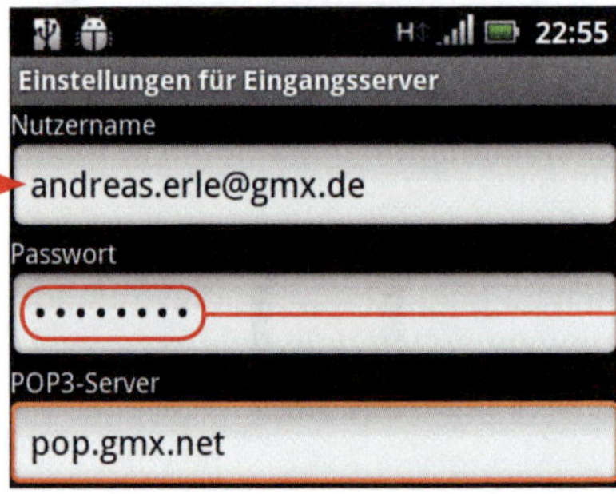

um es vor den Blicken Unbefugter zu schützen.

7 Anschließend müssen Sie den Namen des sogenannten Posteingangsservers eingeben. Das ist quasi die Internetadresse Ihres Postamtes. Eine E-Mail an Ihre E-Mail-Adresse wird an diesen **Server** (einen Rechner im Internet) zugestellt, Ihr mobiles Gerät und Ihr Rechner holen die Post dort ab. Sollten Sie zur Eingabe aufgefordert werden, tragen Sie den Namen des Posteingangsservers wie gewohnt über die Bildschirmtastatur ein und tippen danach mit dem Finger auf

Android versucht nun wieder die Verbindung herzustellen.

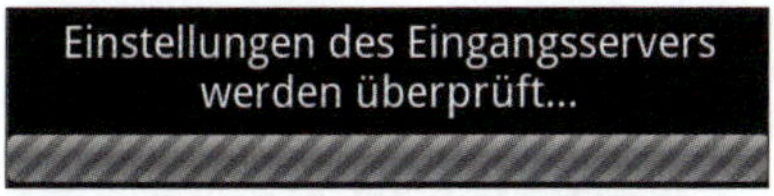

8 Mit dem vorigen Schritt haben Sie überprüft, ob Sie sich beim Schalterbeamten Ihres virtuellen Postamtes erfolgreich ausweisen können und dieser Ihnen Ihre Post auch aushändigt.

Wenn Sie E-Mails verschicken wollen, dann benötigen Sie die Adresse des Briefkastens, in den Sie einen geschriebenen Brief (E-Mail) einwerfen, den sogenannten Postausgangsserver. Aus dem Briefkasten wird die Post dann herausgeholt und an den Posteingangsserver des Empfängers weitergeleitet. Tippen Sie auf ,

und geben Sie dessen Adresse über die Bildschirmtastatur ein.

9 Manche E-Mail-Anbieter verlangen, dass Sie sich auch beim Versenden von E-Mails identifizieren müssen. Sollte dies bei Ihnen nicht der Fall sein, deaktivieren Sie diese Funktion durch Antippen von .

Andernfalls trägt Android bereits Ihren Benutzernamen und das Passwort automatisch ein. Falls Ihr E-Mail-Anbieter andere Anmeldedaten verlangen sollte, tragen Sie diese einfach statt der Vorgaben in die Felder ein.

Abrufhäufigkeit für das Postfach einstellen

Bei den automatisch eingerichteten Postfächern kennt Android bereits die Besonderheiten und Anforderungen des Anbieters und nimmt alle Einstellungen für Ihr E-Mail-Konto automatisch vor. Bei einem manuell eingerichteten Konto müssen Sie nun noch einige weitere Einstellungen vornehmen.

1 Als Erstes können Sie festlegen, wie oft Ihr Gerät die E-Mails des angelegten Kontos abrufen soll. Tippen Sie dazu einfach auf

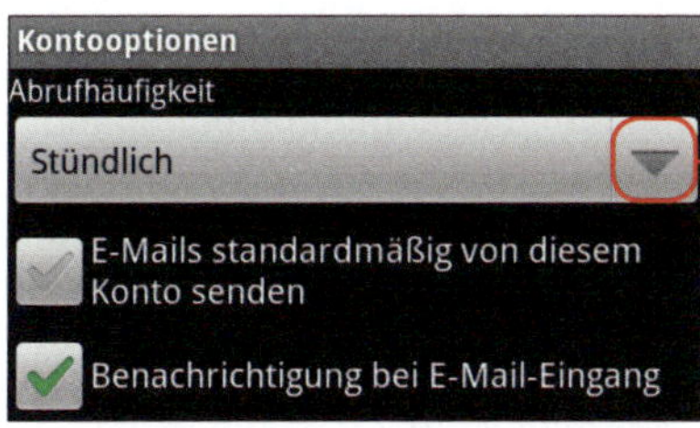

und dann in der sich öffnenden Liste in den Kreis neben dem Intervall, das Ihnen am meisten zusagt, etwa.

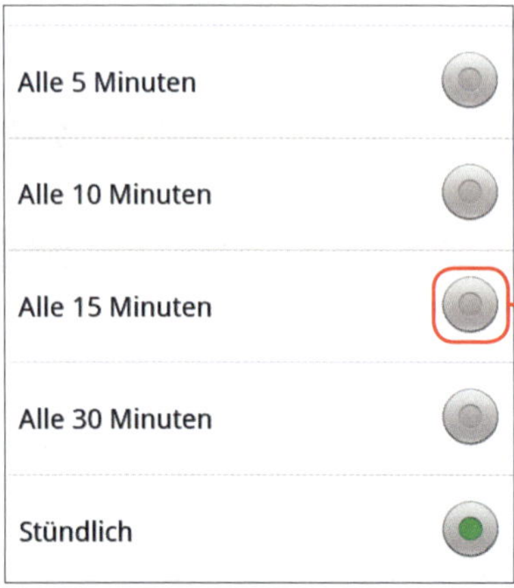

> **Abrufhäufigkeit und Stromverbrauch**
>
> Auf den ersten Blick scheint die kürzest mögliche Abrufhäufigkeit von 5 Minuten optimal zu sein: Sie bekommen Ihre Nachrichten direkt nach dem Eintreffen auf das mobile Gerät. Einen Nachteil hat diese Aktualität allerdings: Jedes E-Mail-Abfragen ist Datenverkehr, und dieser verbraucht Strom. Kurz: Je häufiger Sie E-Mails abfragen, desto schneller ist der Akku Ihres Gerätes leer.

2 Wenn Ihre E-Mails im Standard vom neu angelegten E-Mail-Konto versendet werden sollen (statt vom Google-E-Mail-Konto), dann tippen Sie auf und setzen damit einen Haken. Wenn Sie keine Benachrichtigungen über den Eingang neuer E-Mails wünschen, tippen Sie zudem auf, damit der Haken dort verschwindet.

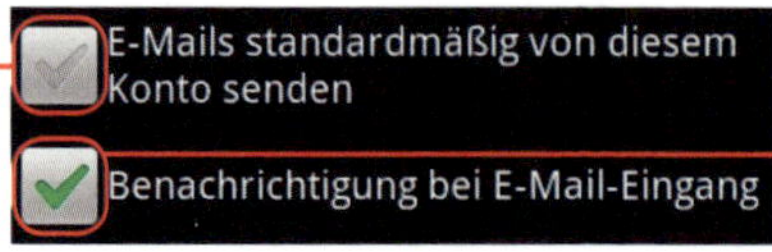

3 Speichern Sie die Einstellungen per Fingertipp auf

.

Wie in Schritt 4 auf Seite 59 beschrieben, können Sie das Konto jetzt benennen und Ihren Absendernamen eingeben.

E-Mails empfangen

Direkt nach der Einrichtung des E-Mail-Postfachs werden bereits einmal die E-Mails abgerufen. Aber natürlich wollen Sie auch unabhängig davon immer mal wieder nachschauen, wer Ihnen geschrieben hat, oder selbst eine Nachricht verschicken. So geht's:

1 Tippen Sie als Erstes wieder unter dem Bildschirm auf die Taste,

dann auf das Symbol

und schließlich im sich öffnenden Menü auf

,

um in das Fenster mit den E-Mail-Postfächern zu gelangen.

2 In der erscheinenden Liste (bei mehr als einem Postfach) können Sie nun durch Antippen des entsprechenden Eintrags entscheiden, ob Sie die E-Mails sämtlicher Postfächer in einem gemeinsamen Posteingang ●

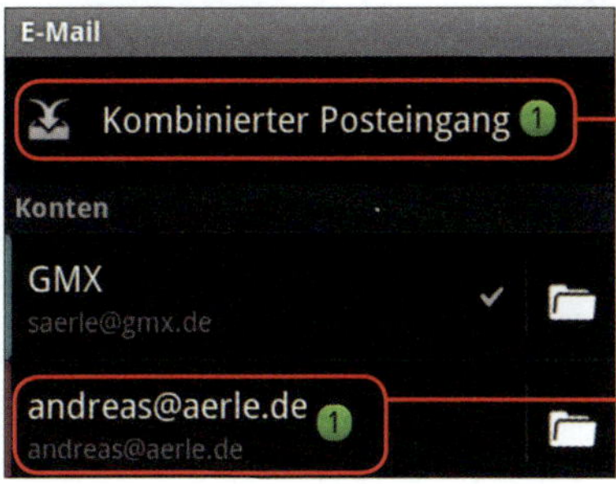

sehen wollen oder nur für ein bestimmtes Konto, hier etwa ●.

3 Damit Ihr Postfach abgefragt wird, tippen Sie jetzt unter dem Bildschirm mit dem Finger auf die Taste

und danach auf den Befehl ●.

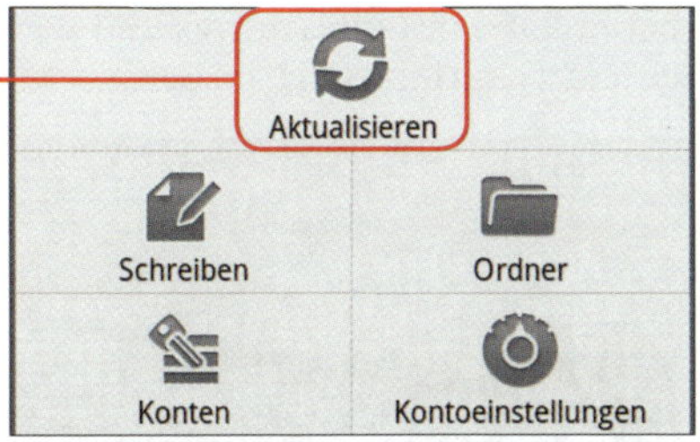

4 Daraufhin wird der E-Mail-Empfang gestartet. Neue E-Mails erscheinen am

Verschiedene Empfänger

Es gibt verschiedene Möglichkeiten, eine E-Mail zu adressieren:

- **To:/An:** Die Nachricht ist direkt an den Empfänger gerichtet, er muss selber darauf reagieren.
- **CC:** Abgekürzt aus dem englischen „Carbon Copy“ (Durchschlag). Eine E-Mail, die Sie als CC-Empfänger bekommen haben, dient der reinen Information. Sie sollen wissen, um was es in der E-Mail geht, müssen (und sollen) aber nicht reagieren.
- **BCC:** Abgekürzt aus dem englischen „Blind Carbon Copy“ (Blindkopie). Wenn Sie eine solche E-Mail erhalten, passen Sie auf: Denn Sie bekommen die Nachricht, ohne dass die anderen Adressaten dies sehen, quasi eine „geheime Kopie“. Auf eine solche E-Mail sollten Sie keinesfalls reagieren, da der Absender offensichtlich nicht möchte, dass die anderen Empfänger erfahren, dass Sie diese E-Mail als Kopie erhalten haben.

oberen Rand des Bildschirms und werden leicht grau hinterlegt, im Beispiel .

Schon in der Übersicht können Sie rasch erkennen, wer Ihnen was zu welchem Zeitpunkt geschickt hat. Wenn Sie eine E-Mail öffnen möchten, tippen Sie sie einfach mit dem Finger an.

5 Meist sind E-Mails recht groß, und daher wird in der Standardeinstellung nur ein kleiner Teil der E-Mails auf dem Bildschirm angezeigt. Falls Sie an mehr interessiert sein sollten, können Sie durch den Inhalt der E-Mail navigieren, indem Sie wie gewohnt den Finger auf dem Bildschirm nach oben oder unten „wischen".

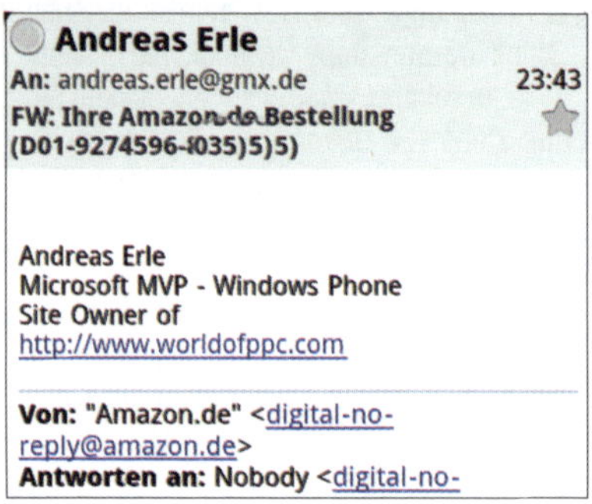

E-Mails beantworten

Natürlich ist das - eher passive - Empfangen von E-Mails eine schöne Sache, weil man damit schnell über wichtige Dinge informiert wird. Nicht selten aber erfordert eine empfangene Nachricht auch umgehend eine Antwort. Auch hierbei lässt Ihr mobiles Gerät Sie nicht im Stich.

1 Öffnen Sie als Erstes die E-Mail, auf die Sie antworten möchten, wie in Schritt 4 des vorigen Abschnitts gezeigt.

2 Um Zugriff auf die E-Mail-Optionen zu bekommen, tippen Sie dann unter dem Bildschirm mit dem Finger auf die Taste

und anschließend auf den Befehl . Dadurch können Sie dem ursprünglichen Absender der E-Mail antworten. Oder Sie antworten nicht nur dem Absender, sondern auch allen anderen ursprünglichen Empfängern (also allen, die in der An/To:- und CC:-Zeile der E-Mail standen). In dem Fall tippen Sie auf .

Wenn Sie die E-Mail hingegen an einen anderen Empfänger weiterleiten möchten, brauchen Sie nur auf zu tippen.

3 Nun können Sie Ihren Antworttext schreiben und bei Bedarf auch weitere Empfänger hinzufügen. All das funktioniert im Prinzip genau so, als wenn Sie eine neue E-Mail schreiben würden - also auf zum nächsten Abschnitt!

E-Mails schreiben

Angenommen, Ihre Wochenendplanung hat sich kurzfristig zerschlagen, und Sie müssen umdisponieren. Sie würden gerne mal wieder diesen oder jenen Freund wiedersehen. Ihn telefonisch zu erreichen, ist aber nie ganz einfach. Da ist die E-Mail möglicherweise ein erfolgversprechender Weg.

1 Rufen Sie, wie auf den vorigen Seiten beschrieben, als Erstes wieder die Übersicht Ihrer E-Mails auf.

2 Um eine neue, leere E-Mail anzulegen, tippen Sie zunächst auf

und dann im geöffneten Menü auf den Eintrag.

3 Anfangs enthält die E-Mail nur Ihren Namen und Ihre Signatur (siehe Seite 67), hier.

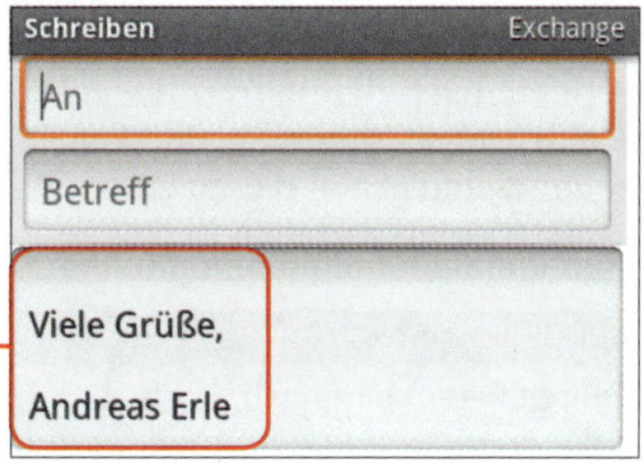

Was noch fehlt, sind der oder die Empfänger und natürlich der Text der E-Mail. Dieser teilt sich klassischerweise in den Betreff (eine Art Titel der E-Mail, der eine kurze Zusammenfassung des Inhalts sein sollte) und den tatsächlichen Text (auch Body, Körper genannt).

4 Wenn Sie aus Ihren Kontakten einen bereits gespeicherten Empfänger auswählen wollen (siehe Seite 84), tippen Sie auf und beginnen die ersten Buchstaben des Namens einzugeben. Nach kurzer Zeit erscheinen auf dem Bildschirm alle Kontakte mit E-Mail-Adressen, die die eingegebenen Zeichen (entweder im Vor- oder im Nachnamen) enthalten. Wählen Sie den gewünschten dann einfach durch Antippen aus, im Beispiel.

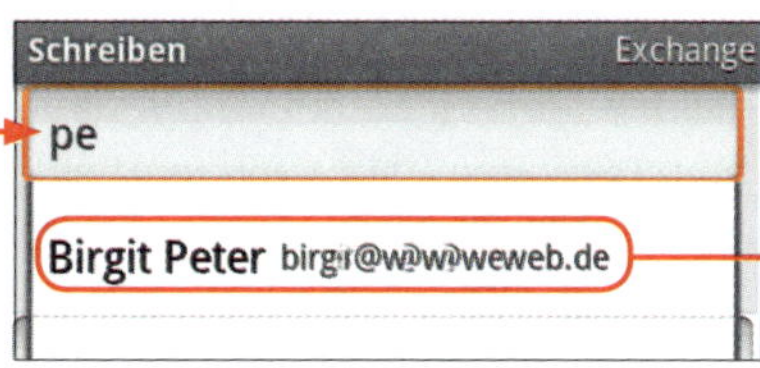

Bei einem Empfänger, den Sie noch nicht in Ihren Kontakten auf dem Gerät gespeichert haben, geben Sie die E-Mail-Adresse einfach komplett ein.

5 Um danach den Betreff der E-Mail einzugeben, tippen Sie mit dem Finger auf ● und geben diesen dann über die Bildschirmtastatur ein.

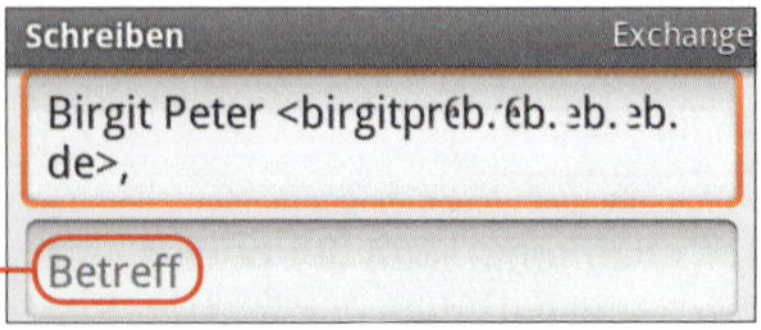

6 Den Text, also den eigentlichen Inhalt der E-Mail, geben Sie ein, indem Sie als Erstes mit dem Finger auf ●

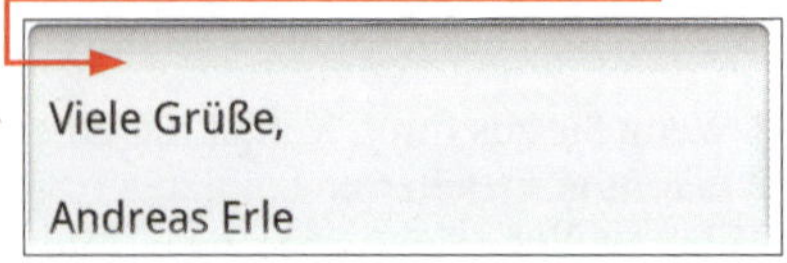

tippen. Dann können Sie den Inhalt über die eingeblendete Bildschirmtastatur eingeben.

7 Zum Abschicken Ihrer E-Mail brauchen Sie abschließend nur noch auf den Befehl ● zu tippen. Wenn Sie die E-Mail später weiterschreiben möchten, tippen Sie stattdessen einfach auf ●,

und wenn Sie sie gar nicht abschicken, sondern in den virtuellen Mülleimer werfen wollen, genügt ein Fingertipp auf ●.

Signatur einrichten

So komfortabel das Mailen unterwegs auch ist: Sie werden dankbar sein für jedes Zeichen, das Sie *nicht* eingeben müssen. Da ist es praktisch, wenn Sie die in den meisten Fällen gleiche Unterschrift

Einfache Regeln beim Schreiben einer E-Mail

Ein Irrtum hat sich in den vergangenen Jahren immer mehr in den Köpfen der Anwender festgesetzt: Die Kommunikation per E-Mail ist etwas „Lockeres", und darum sind übliche Konventionen nicht anwendbar. Das stimmt aber nicht! Es gibt einige Dinge, die Sie beim Schreiben einer E-Mail beachten sollten:

- Auch bei einer E-Mail ist die Rechtschreibung wichtig. Die häufig gesehene Tendenz, E-Mails in Kleinschreibung zu verfassen, kommt nicht bei jedem Empfänger gut an … Vor allem dann nicht, wenn es in der E-Mail um etwas Geschäftliches geht.
- Wählen Sie aussagekräftige Betreffzeilen für Ihre E-Mails: „Hi" oder „Wie geht's" sind nicht nur wenig hilfreich für den Empfänger. Gleichzeitig bergen sie das tatsächliche Risiko, gar nicht erst zugestellt zu werden, weil solche Betreffzeilen oft von unerwünschten Werbern (Spam) verwendet werden.

Eingabe von CC- und BCC-Empfängern

Auf den ersten Blick sehen Sie nur das Feld für die direkten Empfänger einer E-Mail, nicht aber mögliche Kopienempfänger (siehe Kasten Seite 63). Diese können Sie aber natürlich auch eingeben. Tippen Sie dazu mit dem Finger auf die Taste

und anschließend auf ●.

Schon erscheinen die zusätzlichen Adressfelder ● und können mit Adressaten gefüllt werden.

einer E-Mail („Mit freundlichen Grüßen, Max Mustermann") einfach schon einmal vorspeichern und dann automatisch unter jede E-Mail setzen lassen … Löschen können Sie diese Signatur immer noch, das ist weniger Aufwand, als den Text einzutippen.

1 Tippen Sie unter dem Bildschirm wieder auf die Taste

und danach auf den Befehl ●.

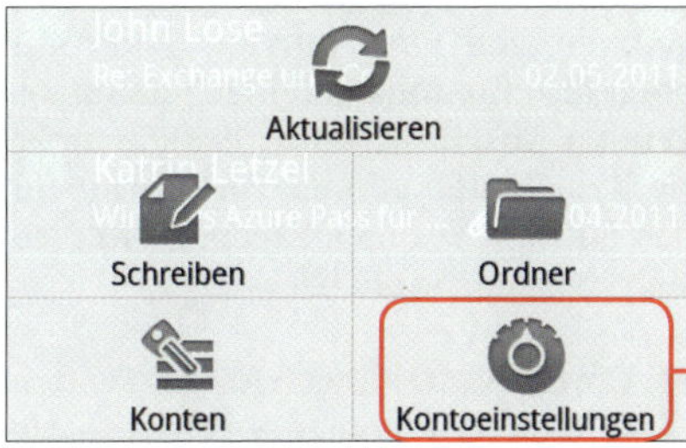

2 Sobald Sie im sich öffnenden Menü auf den Eintrag ●

getippt haben, können Sie die Signatur ● wie üblich über die Bildschirmtastatur eingeben (oder auch ändern). Speichern Sie sie danach per Fingertipp auf ●.

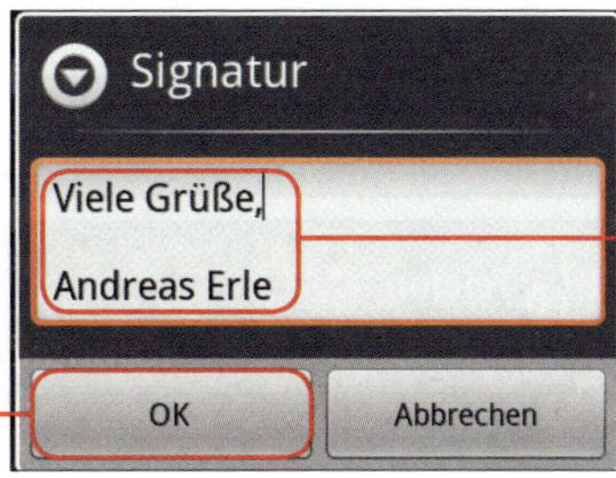

Twitter-Konto anlegen

Bei Android sind die sozialen Netzwerke Twitter und Facebook als Programme bereits vorinstalliert (Nähere Informationen dazu finden Sie in unserem COMPUTER BILD-Band „Bloggen & Twittern ganz einfach“). Sie müssen daher nur noch Ihre Kontodaten eingeben. Im folgenden Abschnitt wird dies exemplarisch für Twitter gezeigt. Die Schritte für das Einrichten eines Facebook-Kontos sind aber sehr ähnlich.

1 Um die Einstellungen für das Twitter-Konto vorzunehmen, wechseln Sie in die Einstellungen, wie es auf Seite 23 in Schritt 1 beschrieben wurde. Tippen Sie dann als Erstes auf

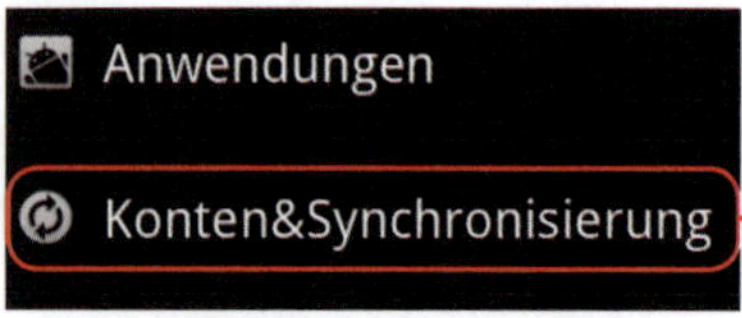

und anschließend auf

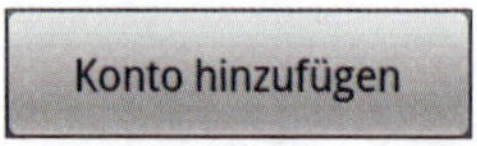

.

2 Als Nächstes tippen Sie für die Anlage eines Twitter-Kontos auf

(beziehungsweise auf , um ein Facebook-Konto anzulegen)

und dann auf den Eintrag .

3 Tippen Sie in die jeweiligen Felder , und geben Sie über den Bildschirm Ihren Twitter-Benutzernamen sowie das dazugehörige Passwort ein.

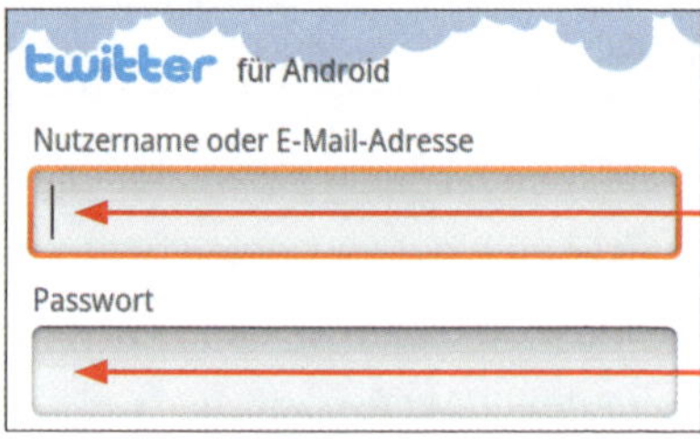

Zum Beenden der Einrichtung reicht ein abschließender Fingertipp auf

.

4 Das Gerät personalisieren

Bisher haben Sie viel Zeit damit verbracht, die Grundeinstellungen Ihres Gerätes vorzunehmen, die Verbindungen einzurichten und sich für die Kommunikation im Internet und per **E-Mail** fit zu machen. Wie bei einem Umzug konzentriert man sich zunächst darauf, die Wohnung überhaupt bewohnbar zu machen, weniger auf die stimmige Einrichtung. Doch jetzt ist es endlich an der Zeit, dem Ganzen eine individuelle Note zu geben. Bezogen auf Ihr Android-Gerät heißt das: Passen Sie Ihr mobiles Gerät ganz nach Wunsch an die eigenen Vorlieben an.

Android ist ausgesprochen flexibel: Das Aussehen der Menüs, die Hinweistöne, die Klingeltöne bei einem eingehenden Ruf, Hintergrundbilder, Schriftgrößen - all dies lässt sich relativ frei einstellen und gibt dem Benutzer die Möglichkeit, das mobile Gerät ganz auf seine persönlichen Bedürfnisse zuzuschneiden.

Im vierten Kapitel dieses Buches erfahren Sie,
- wie Sie den Startbildschirm anpassen,
- wie Sie das Hintergrundbild und die Schriftgröße ändern,
- wie Sie die Systemtöne und Benachrichtigungen einstellen
- und wie Sie eigene Klingeltöne verwenden.

Kapitel-Wegweiser

So funktioniert der Startbildschirm

Das, was den Anwender in der Praxis meist als Erstes interessiert, wenn er sein mobiles Gerät einschaltet: Welche Termine stehen an? Welche E-Mails sind eingegangen? Was gibt's Neues? Die zentrale Informationsquelle dazu ist der sogenannte Startbildschirm. Dieser kann frei eingerichtet werden und somit die Informationen, die den Anwender besonders interessieren, optimal darstellen.

Android ist hier im Standard ein wenig spartanischer als andere Systeme. Der Startbildschirm wird Ihnen daher nach der Ersteinrichtung relativ leer erscheinen. Das macht aber nichts, denn es gibt Ihnen gleichzeitig auch eine Menge Flexibilität, um selbst zu bestimmen, was Sie sehen möchten.

Den Startbildschirm bedienen

Der Startbildschirm wird von manchen Herstellern (wie beispielsweise HTC) mit einer eigenen Benutzeroberfläche „aufgewertet", mit der die Bedienung vereinfacht werden soll. Daneben gibt es aber bei allen Android-Geräten eine identische Standardoberfläche, auf die sich die folgenden Beschreibungen beziehen.

Die wichtigsten Ansprüche, die Benutzer an ihr mobiles Gerät heute haben: Bedienbarkeit mit den Fingern statt mit einem Stift, so wenig Tasten wie möglich und vor allem möglichst viele Informationen in übersichtlicher Darstellung.

1 Der Startbildschirm besteht aus fünf nebeneinanderliegenden Bildschirmen, von denen standardmäßig der mittlere angezeigt wird. Sie bedienen ihn im Prinzip genau so, wie es in diesem Buch schon für viele andere Funktionen beschrieben wurde: Halten Sie den Finger auf das Display, und bewegen Sie ihn nach links, um zum nächsten Bildschirm nach rechts zu wechseln. Analog dazu können Sie mit der Gegenbewegung die Bildschirme links neben dem aktuellen erreichen.

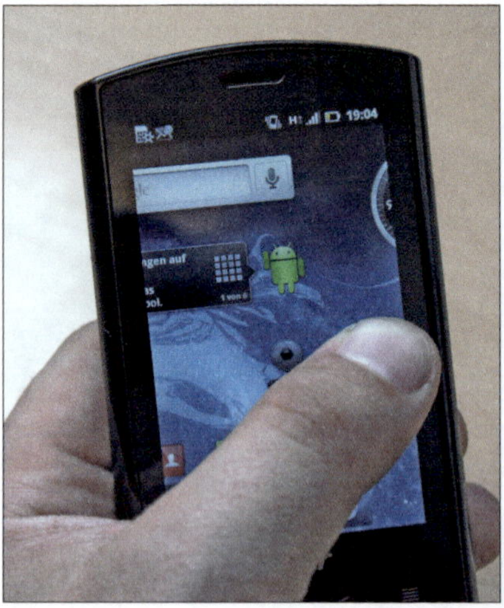

2 Folgende Elemente kennzeichnen den Startbildschirm: Ganz oben sehen Sie den Benachrichtigungsbereich, in dem alle möglichen Informationen rund um neue Nachrichten, die Netzverbindung, den Akkustatus etc. angezeigt werden. Darunter befindet sich ein Bereich, in dem Sie frei Informationen und Verknüpfungen zu Programmen ablegen können: .

Am unteren Ende folgen festgelegte Verknüpfungen und ein Hinweis, auf welchem der fünf Startbildschirme Sie sich gerade befinden.

3 Im Benachrichtigungsbereich erscheinen auf der linken Seite Symbole zu neuen Programmversionen, eingegangenen Nachrichten und vielem mehr, im Beispiel .

Auf der rechten Seite können Sie Informationen über das Klingelverhalten (siehe Seite 81), die Mobilfunkverbindung ,

die Ladung Ihres Akkus und die aktuelle Zeit ablesen.

4 Wischen Sie einfach mit dem Finger von oben nach unten über den Startbildschirm, schon wird eine Übersichtsliste der aktuellen Benachrichtigungen geöffnet. Am häufigsten werden Sie hier darüber informiert, dass Sie eine oder mehrere neue E-Mails erhalten haben. In der Meldung sehen Sie die Zahl der neuen Nachrichten , das E-Mail-Konto ,

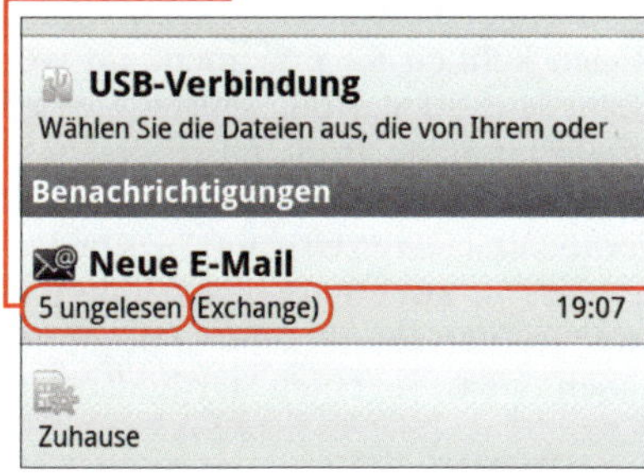

in dem sich diese befinden, und die Uhrzeit, wann sie eingegangen sind.

5 Damit alle Benachrichtigungen gelöscht werden, tippen Sie in der Liste

aus Schritt 4 einfach auf

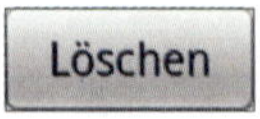

.

Den Startbildschirm erreichen Sie wie gewohnt, indem Sie unter dem Bildschirm Ihres Gerätes auf die Taste ● tippen.

6 Die Symbole am unteren Bildschirmrand finden Sie auf jedem der fünf Startbildschirme. Durch Antippen von ● gelangen Sie in das Telefonprogramm (siehe Seite 99), durch Antippen von ●

in das Hauptmenü (siehe Seite 98) und mit ● starten Sie den Android-Browser (siehe Seite 43).

7 Links und rechts von diesen Symbolen können Sie erkennen, auf welchem der fünf Startbildschirme Sie sich gerade befinden. Im Standard sind zwei Punkte auf der linken Seite und zwei auf der rechten Seite zu sehen. Dies bedeutet, dass Sie zwei Bildschirme links und zwei rechts vom aktuellen Bildschirm haben. Wenn Sie einen Startbildschirm

Nicht löschbare Benachrichtigung

Beim Löschen der Benachrichtigungen werden Sie feststellen, dass es genau eine hartnäckige Meldung gibt, die partout nicht verschwinden möchte:

Sie zeigt Ihnen an, dass Sie sich in dem Bereich Ihres Mobilfunknetzes befinden, den Sie bei Vertragsabschluss als Ihren „Zu-Hause-Bereich" festgelegt haben. Je nach Netzbetreiber telefonieren Sie daraus beispielsweise vergünstigt oder sind zusätzlich unter einer Festnetznummer erreichbar. Deshalb legt der Anbieter Wert darauf, dass Sie immer sehen können, dass Sie „zu Hause" sind.

nach links wechseln, ändert sich also auch die Anzeige: Jetzt haben Sie einen ● Bildschirm links und drei ●

rechts von Ihrer aktuellen Position. Diese kleine grafische Hilfe erleichtert es Ihnen, sich zurechtzufinden.

Einstellungen des Startbildschirms ändern

Viele Anwender sind mit den Informationen, die der Startbildschirm standardmäßig liefert, zufrieden. Allerdings bietet Ihnen Android die Möglichkeit, ganz exakt festzulegen, welche Informationen Sie wo sehen wollen. Stellen Sie sich die Elemente des Startbildschirms wie Bilder vor, von denen Sie einen gewissen Vorrat haben wollen. Unabhängig davon aber können Sie Rahmen, Position und die „Tapeten" dahinter ebenfalls selbst frei bestimmen.

Elemente hinzufügen

Im Auslieferungszustand befinden sich bereits einige Programme auf Ihrem Gerät. Die folgende Beschreibung bezieht sich auf diese Standardprogramme. Je mehr Programme Sie über den Android Market (siehe Seite 116) herunterladen, desto mehr Möglichkeiten haben Sie natürlich, Ihren Startbildschirm individuell zu gestalten.

1 Wechseln Sie zunächst auf einen der fünf Startbildschirme, auf dem das Element platziert werden soll.

2 Halten Sie dann den Finger etwa zwei Sekunden auf eine freie Stelle des Bildschirms.

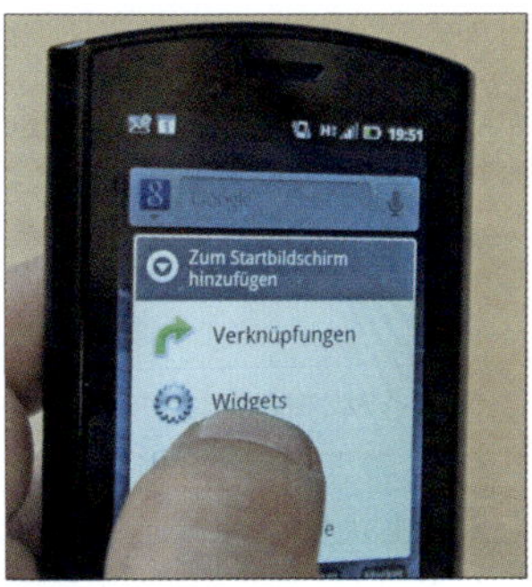

Daraufhin öffnet sich ein kleines Menü, in dem Sie entscheiden müssen, welches Element Sie hinzufügen wollen.

3 Beim ersten Eintrag handelt es sich um Verknüpfungen. Diese nehmen Elemente aus dem Hauptmenü (siehe Seite 98) auf und platzieren sie auf dem Startbildschirm. Tippen Sie auf ●,

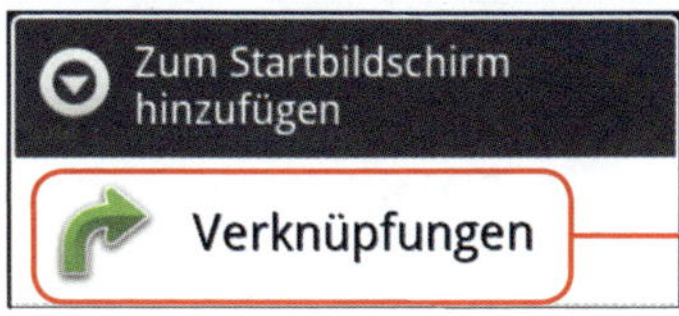

und wählen Sie dann im sich öffnenden Menü per Fingertipp einen der Einträge aus, etwa ●.

4 Rollen Sie durch Wischen mit dem Finger durch die Liste, um weitere Einträge sichtbar zu machen.

Die Liste besteht aus Standard-Verknüpfungen, die auf jedem Android-Gerät identisch sind. Je länger Sie Ihr Gerät aber in der Praxis einsetzen, desto mehr zusätzliche Programme werden Sie installieren, und auch diese möchten Sie vielleicht schnell zur Verfügung haben. Tippen Sie dazu auf ●,

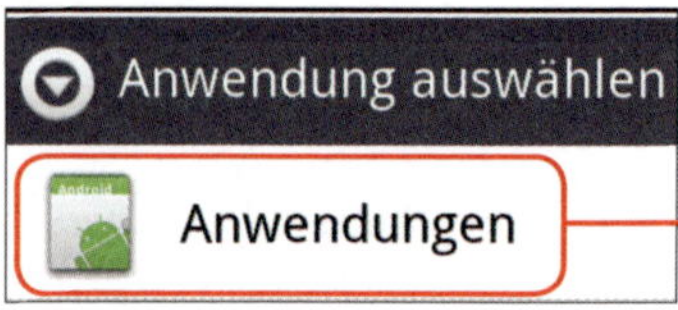

damit sich eine Liste aller installierten Programme öffnet.

5 „Widgets" sind Informations-Rahmen, die aus einem Programm heraus Informationen abrufen und auf dem Startbildschirm darstellen. Wenn Sie Ihre Termine mit Ihrem mobilen Gerät verwalten (mehr dazu lesen Sie auf Seite 90), möchten Sie sicher nicht immer erst den Terminkalender starten und darin nachschauen, wann Ihr nächster Termin stattfindet. Viel effektiver wäre es doch, dies auf einen Blick auf dem Startbildschirm sehen zu können. Tippen Sie dazu als Erstes auf

.

Anschließend öffnet sich wieder eine Liste der auf Ihrem Gerät verfügbaren Widgets. Navigieren Sie in dieser Liste wie gewohnt, und tippen Sie dann auf ●.

Unterschied zwischen Verknüpfungen und Anwendungen

Auf den ersten Blick scheinen die beiden Listen recht ähnlich, aber sie unterscheiden sich in ihren Details durchaus: Die Liste der „Verknüpfungen" bezieht sich auf alles, was seitens Android ab Werk mitgeliefert wird und damit für alle Geräte derselben Android-Version gleich ist. „Anwendungen" hingegen werden vom Benutzer installiert und sind somit von Gerät zu Gerät, von Anwender zu Anwender unterschiedlich.

6 Auf dem Startbildschirm erscheint nun ein kleines Viereck, in dem oben der aktuelle Wochentag und das aktuelle Datum angezeigt werden, darunter die Uhrzeit des nächsten Termins.

Sollten Sie am aktuellen Tag keinen Termin haben, wird zusätzlich zur Uhrzeit auch noch das Datum des Termins eingeblendet: ●.

Elemente bewegen und löschen

Ob Sie nun Ihren Startbildschirm umordnen wollen, Ihnen Platz für ein bestimmtes Widget fehlt oder Sie auf bestimmte Informationen, die in einem Widget vorhanden sind, einfach verzichten kön-

Kein Platz mehr?

Sie werden die Gestaltungsmöglichkeiten des Startbildschirms schnell schätzen lernen. Und so wird es nicht ausbleiben, dass Sie über kurz oder lang sehr viele Verknüpfungen und Widgets verwenden. Gerade bei den größeren Widgets kann es jedoch schnell passieren, dass auf dem aktuell ausgewählten Startbildschirm kein Platz mehr ist. Android meldet Ihnen dies nach der Auswahl des Elementes mit einer Meldung am unteren Bildschirmrand: ●.

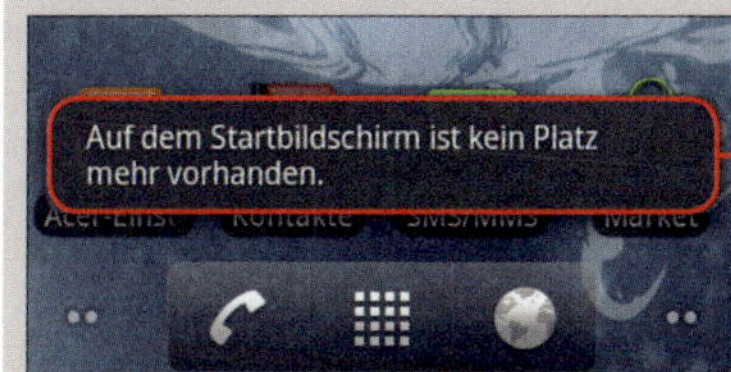

Wählen Sie dann entweder einen anderen Startbildschirm aus oder löschen beziehungsweise verschieben Sie Elemente, wie es Ihnen im folgenden Abschnitt gezeigt wird.

nen, kein Problem: Das ist so einfach wie das Umhängen von Bildern an Ihrer Wand!

1 Wechseln Sie wieder auf den Startbildschirm, auf dem sich das zu bewegende oder zu löschende Element befindet.

2 Halten Sie den Finger auf das entsprechende Element gedrückt, bis dieses vergrößert dargestellt wird, im

Beispiel ●.

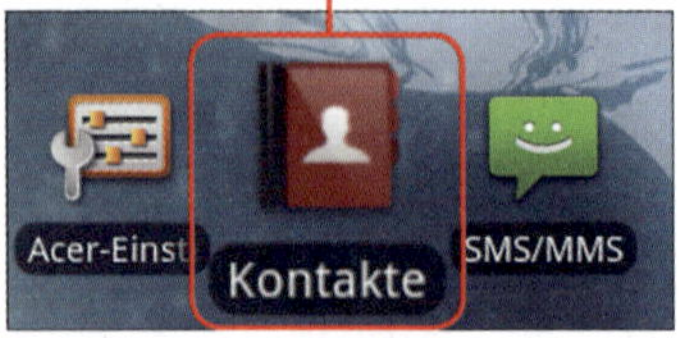

Nun können Sie das Element frei über den Bildschirm bewegen. Lassen Sie es an der Stelle los, an der es künftig erscheinen soll. Allerdings werden Sie feststellen, dass die Symbole ganz flüssig über den Bildschirm rutschen, beim Loslassen aber automatisch in einem bestimmten Raster abgelegt werden.

Insgesamt können 16 Verknüpfungen (vier nebeneinander in vier Reihen übereinander) auf einem Startbildschirm platziert werden. Android legt eine Verknüpfung also in ein Fach dieses Rasters. Gegebenenfalls müssen Sie das Element einfach noch einmal leicht verschieben.

3 Das Verschieben eines Elementes auf einen anderen Startbildschirm ist ebenso unproblematisch wie das Umhängen eines Bildes. Verfahren Sie dazu wie im vorigen Schritt, und ziehen Sie das Element dann einfach nach links oder rechts über den Bildschirmrand hinaus: ●.

4 Sie benötigen das Element nicht mehr auf dem Startbildschirm? Sobald Sie ein Element durch längeres Drücken des Fingers darauf „gegriffen" haben, erscheint am unteren Bildschirmrand ein kleiner Mülleimer:

Bewegen Sie das Element mit dem Finger so weit nach unten auf den Mülleimer,

! Löschen ist nicht gleich Löschen!

Wenn Sie ein Element von einem Startbildschirm entfernen, wird zwar die Verknüpfung gelöscht – das Element selbst (ob nun Programm, Funktion oder Widget) ist aber immer noch auf dem Gerät und kann jederzeit, wie bereits beschrieben, wieder auf den Startbildschirm gebracht werden. Wie Sie ein Programm wirklich löschen können, lesen Sie auf Seite 121.

bis es rot eingefärbt wird:

Heben Sie dann den Finger vom Bildschirm Ihres Gerätes. Das Element wird umgehend entfernt.

Hintergrund ändern

Auch was die Wahl des Hintergrunds betrifft, sind Sie flexibel. Suchen Sie sich einfach aus den auf Ihrem Gerät gespeicherten Bildern dasjenige aus, das als Hintergrund Ihrer Startbildschirme verwendet werden soll.

1 Wiederholen Sie zunächst die Schritte 1 und 2 von Seite 73. Halten Sie dann den Finger auf einen freien Teil des Bildschirms, und tippen Sie auf

.

2 Ihr Gerät bietet Ihnen daraufhin in einer kleinen Auswahlliste drei verschiedene Arten von Hintergründen an, die Sie durch Antippen auswählen können. Mit einem Tipp auf

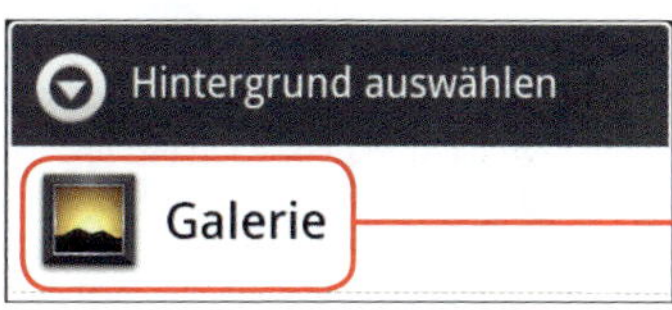

öffnen Sie die Galerie, in der Sie Bilder finden, die von Ihnen auf Ihr Gerät gebracht wurden, beispielsweise durch das Aufnehmen von Fotos, in E-Mails, die Sie empfangen haben etc. Im Unterschied hierzu sind die Hintergrundbilder bereits auf Ihrem Gerät vorinstalliert und haben exakt die Größe Ihres Startbildschirms. Auch die Live-Hintergründe

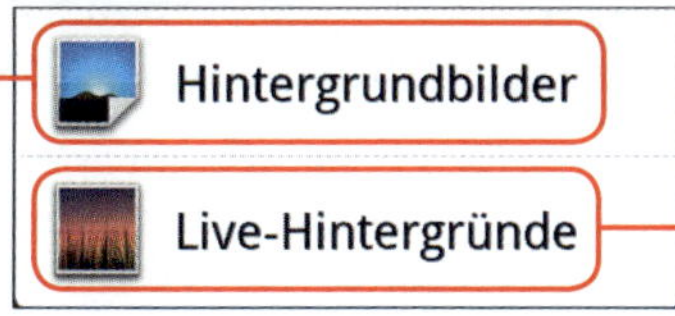

sind ebenfalls bereits auf Ihrem Gerät, aber im Gegensatz zu den beiden anderen Kategorien nicht statisch. Sie bringen Bewegung auf Ihren Startbildschirm (wie zum Beispiel Grashalme, die sich im Wind wiegen).

3 Um jetzt ein eigenes Bild aus der geöffneten Galerie zu verwenden, tippen Sie dieses in der nun erscheinenden Übersicht an, etwa .

Da Ihre eigenen Bilder natürlich nicht zwangsläufig die Größe des Startbildschirms haben, können und müssen Sie noch den Ausschnitt wählen, der verwendet werden soll. Der ausgewählte Bereich ist durch einen kleinen Rahmen gekennzeichnet.

Vergrößern Sie diesen, wie auf Seite 47 am Beispiel von Internetseiten gezeigt. Wenn Sie den Ausschnitt bewegen wollen, halten Sie einen Finger auf den Rahmen und bewegen ihn über den Bildschirm.

Bestätigen Sie Ihre Auswahl per Fingertipp auf

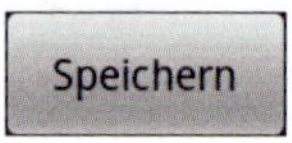

.

4 Wenn Sie einen Live-Hintergrund auswählen, öffnet sich ebenfalls eine Liste der auf Ihrem Gerät bereits verfügbaren beweglichen Hintergründe. Wie gewohnt navigieren Sie mit den Fingern und wählen den gewünschten Live-Hintergrund durch Antippen aus.

Bild zu breit?

Auf den ersten Blick erscheint es wundersam: Der Startbildschirm hat das Format eines DIN-A4-Blattes, aber der Auswahlrahmen eines Bildes aus der Galerie ist fast rechteckig. Dies ist kein Fehler, sondern eine nette grafische Spielerei von Android: Die fünf Startbildschirme nutzen nämlich jeweils einen leicht anderen Ausschnitt des Bildes. Der ganz linke zeigt im Beispielbild den Bereich links vom Leuchtturm

und der ganz rechte Startbildschirm den Bereich rechts vom Leuchtturm.

Nach einem kleinen Moment Wartezeit, in dem Ihr Gerät den Hintergrund lädt und dann mit seiner Bewegung auf dem Bildschirm darstellt, können Sie Ihre Wahl per Tippen auf

bestätigen.

Töne und Anzeige von Benachrichtigungen ändern

Ihr mobiles Gerät zeigt Ihnen Informationen nicht nur optisch an, sondern unterstützt dies oft auch noch durch Töne: Bei einem Anruf klingelt es, bei einem Termin wird ein Hinweiston abgespielt, wenn Sie einen Fehler machen, ist ein Warnton zu hören. Es wird Sie nicht wundern, dass sich auch bei diesen Funktionen ganz nach Wunsch Anpassungen vornehmen lassen. Schließlich können Sie zu Hause ja auch bestimmen, welche Art von Türklingel oder was für einen Kurzzeitwecker Sie verwenden!

Vibration und Lautstärke einstellen

1 Schalten Sie das Gerät ein, und entsperren Sie es. Tippen Sie mit dem Finger unten am Bildschirm erst auf

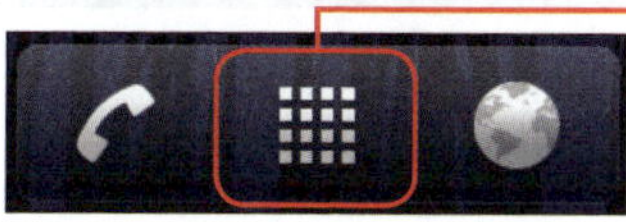

und anschließend auf

.

2 Um die Einstellungen für die Hinweistöne zu verändern, wählen Sie im sich öffnenden Menü per Fingertipp

.

3 Zum Stummschalten Ihres Gerätes tippen Sie auf ,

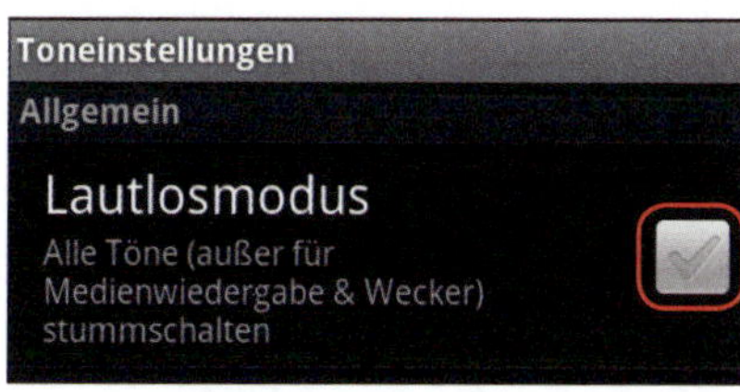

sodass in dem Kästchen ein grüner Haken erscheint. Dieser „Lautlosmodus" ist allerdings nicht ganz so lautlos, wie sein Name vermuten lässt: Die Wiedergabe von Musik und Videos (siehe Seite 114) sowie der Wecker dürfen natürlich trotzdem noch Töne von sich geben. Durch ein erneutes Tippen auf den Haken schalten Sie die normale Tonwiedergabe wieder ein.

4 Töne sind jedoch nicht in allen Situationen sinnvoll. Um beispielsweise in lauten Umgebungen, in denen die Hinweistöne nicht zu hören sind, trotzdem einen Anruf oder eine neue Nachricht mitzubekommen, können Sie das Gerät auch vibrieren lassen. Tippen Sie dazu als Erstes auf ●.

und anschließend in der geöffneten Liste entweder auf ●, damit Ihr Gerät immer vibriert, oder auf ●, damit es nie vibriert.

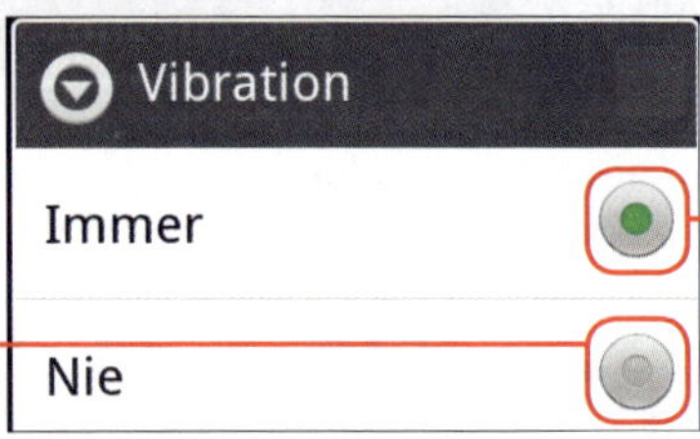

Letzteres macht etwa dann Sinn, wenn Sie Ihr Gerät oft auf dem Tisch liegen haben. Denn der Vibrationsmotor macht auf der Tischplatte einen unerhörten Lärm und setzt Ihr Gerät auf dem Tisch in Bewegung, ohne dass Sie dies kontrollieren können!

Damit die Vibration nur verwendet wird, wenn das Gerät auf lautlos geschaltet ist (und Sie die Benachrichtigung sonst nicht mitbekommen würden), tippen Sie auf ●. Sollen Vibrationsbenachrichtigungen nur dann erfolgen, wenn das Gerät auch Tonsignale ausgibt, markieren Sie per Fingertipp ●.

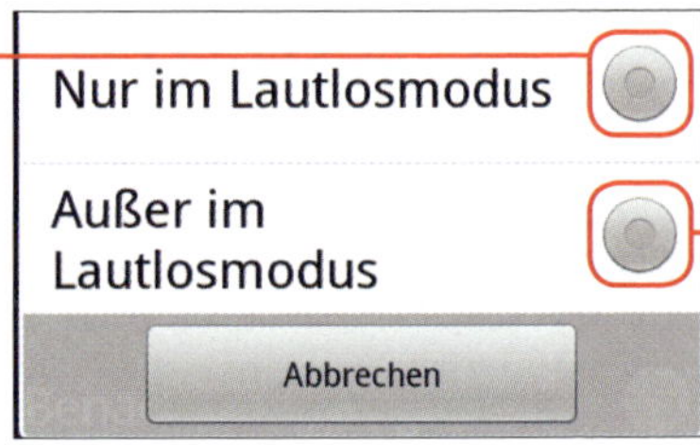

5 Bisher haben Sie nur festgelegt, ob Benachrichtigungstöne abgespielt werden sollen. Wichtig ist aber auch die Lautstärke, die sich zwischen den einzelnen Benachrichtigungsarten durchaus unterscheiden kann. So legen Sie mit Sicherheit Wert darauf, einen Anruf zu hören (den Klingelton also laut zu stellen), während die Benachrichtigung über eine neue eingetroffene Nachricht nicht unbedingt hörbar sein muss. Tippen Sie im Menü auf ●.

Dann öffnet sich ein Fenster mit verschiedenen Lautstärkereglern. Um die Lautstärke des Klingeltons zu verändern, halten Sie den Finger auf, um die Lautstärke der Wiedergabe von Musik und Videos anzupassen, auf.

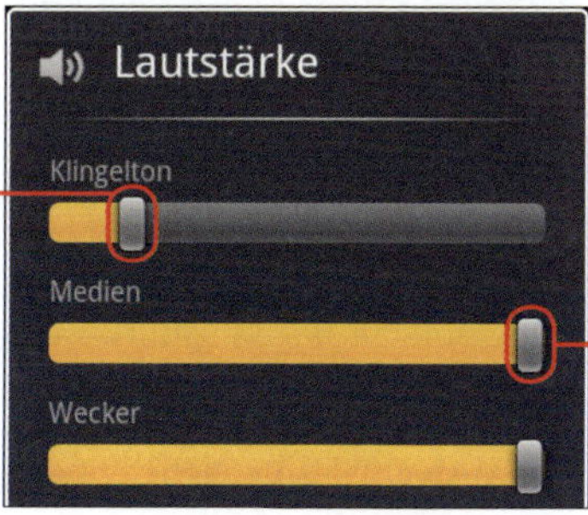

Und die Weckerlautstärke ändern Sie über den untersten Regler. Für alle diese Regler gilt: Eine Bewegung mit dem Finger nach links verringert die Lautstärke, eine Bewegung nach rechts erhöht sie.

6 In der Standardeinstellung sind die Klingel- und Benachrichtigungstöne gleich laut. Um dies zu ändern, tippen Sie auf,

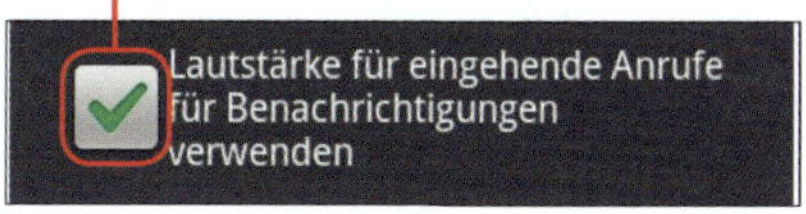

sodass der Haken aus dem Kästchen verschwindet. Stattdessen erscheint ein separater Lautstärkeregler für die Benachrichtigungstöne,

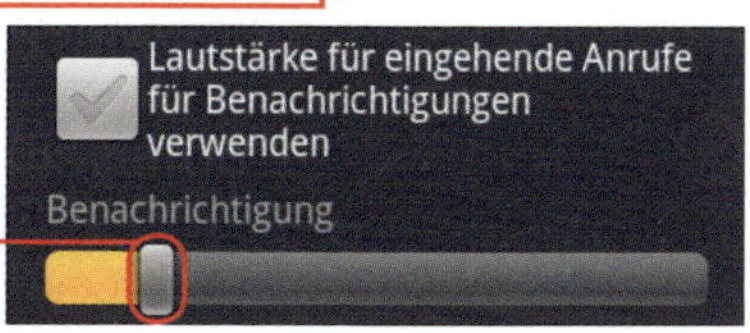

den Sie wie im vorigen Schritt gezeigt bewegen können. Zum abschließenden Speichern aller Lautstärkeeinstellungen reicht ein Fingertipp auf

.

Klingeltöne ändern

Wenn Sie ein integriertes Telefon in Ihrem mobilen Gerät haben, ist es verlockend, auch einen hübschen Klingelton zu verwenden - und sich damit von all den langweiligen Standard-Bimmeltönen in der Umgebung abzuheben.

1 Wählen Sie im Menü von Schritt 3 der vorigen Anleitung einfach den Eintrag

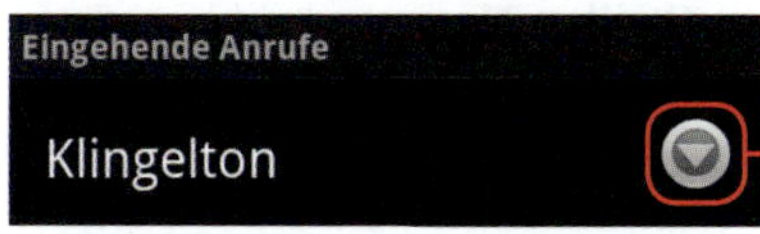

Daraufhin wird Ihnen eine Liste aller auf Ihrem Gerät gespeicherten Klingeltöne angezeigt

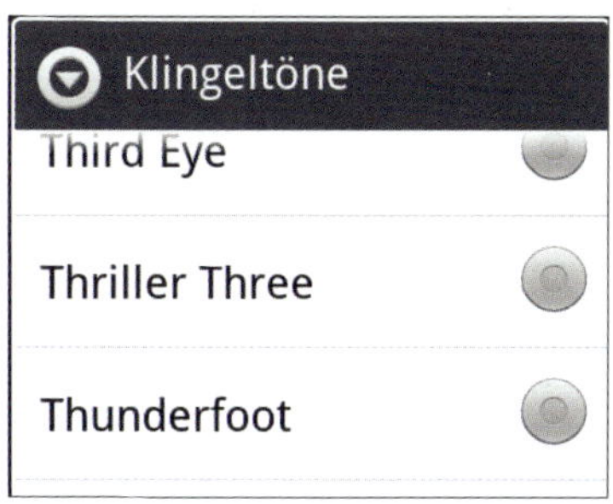

Navigieren Sie durch die Liste wie gewohnt, indem Sie den Finger auf dem Bildschirm nach oben oder unten bewegen.

> **Eigene Klingeltöne verwenden**
>
> Natürlich können Sie auch eigene Musikstücke, beispielsweise im gängigen Format MP3, als Klingelton benutzen. Dazu müssen Sie diese auf Ihr Gerät übertragen und dann einmal in der Anwendung zur Musikwiedergabe abspielen. Mehr dazu lesen Sie auf Seite 114.

2 Wenn Sie einen der Klingeltöne antippen, erscheint daneben ein kleiner grüner Kreis,

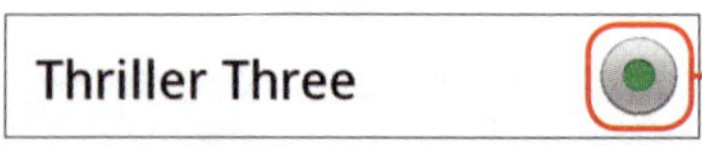

und die Wiedergabe startet automatisch. Sie kaufen also nicht die sprichwörtliche Katze im Sack, sondern können sich die vorhandenen Klingeltöne erst einmal in Ruhe anhören. Erst wenn Sie Ihre Entscheidung per Fingertipp auf

bestätigen, steht der gewählte Klingelton fest.

3 Die Auswahl des Benachrichtigungstons,

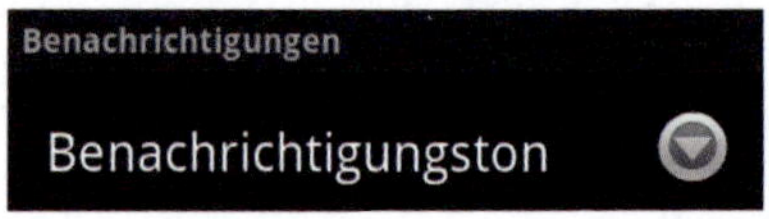

den Sie ebenfalls individuell festlegen können, erfolgt im Prinzip genauso wie für den Klingelton.

5 Termine und Kontakte verwalten

Kommunikation ist die eine Seite der mobilen Medaille. Es gibt in der Praxis jedoch noch weitere klassische Aufgaben eines PDAs („**P**ersonal **D**igital **A**ssistant“, persönlicher digitaler Assistent). Finden Sie in Ihren Taschen und auf dem Schreibtisch auch andauernd irgendwelche kleinen Notizzettelchen mit Terminen oder Telefonnummern, die Sie nicht zuordnen können? Kramen Sie auch in Ihrem Papierkalender nach dem Geburtstag der Schwiegermutter und dann im Adressbuch nach der Telefonnummer des Blumenladens? Wenn Sie Informationen an unterschiedlichen Orten speichern, laufen Sie immer Gefahr, sie nicht wiederzufinden. Da bringt ein Android-Gerät, das noch dazu immer mit dabei sein kann, auf elegante Weise Ordnung und Effektivität in den mobilen Alltag. Und schon nach kurzer Zeit werden Sie es nicht mehr als technischen Apparat, sondern als natürliche Erweiterung Ihres Gedächtnisses empfinden.

Im fünften Kapitel dieses Buches erfahren Sie,

- wie Sie Kontakte anlegen und ändern,
- wie Sie Kontakte zu Gruppen zusammenfassen können,
- wie Sie einen Termin eingeben und sich daran erinnern lassen,
- wie Sie die Ansicht Ihrer Termine ganz nach Wunsch anpassen
- und wie Sie Terminserien erstellen.

Kapitel-Wegweiser

Mit Kontakten arbeiten

All Ihre Bekannten und Freunde, die Ihnen irgendwann einmal die Adresse, Telefonnummer, **E-Mail**-Adresse, vielleicht eine Wegbeschreibung gegeben haben, können in einem separaten „Kontakt" gespeichert werden. Stellen Sie sich einen Kontakt einfach vor wie eine elektronische Karteikarte, auf der alle wichtigen Informationen strukturiert aufgeschrieben sind.

Kontakte suchen

Ob Sie nun einen Brief schreiben wollen und die Postadresse brauchen oder eine E-Mail-Adresse benötigen: Als Erstes müssen Sie den Kontakt aufrufen.

1 Dazu wechseln Sie zunächst auf den Startbildschirm, indem Sie unterhalb des Displays Ihres Gerätes auf die Taste

tippen. Anschließend gelangen Sie per Fingertipp auf

ins Hauptmenü. Tippen Sie darin auf

,

damit die Übersicht Ihrer auf dem Gerät gespeicherten Kontakte angezeigt wird. Sie haben noch gar keine? Dann legen Sie sich einfach ein paar an, wie es Ihnen im Abschnitt auf Seite 88 beschrieben wird.

2 Die Navigation in den Kontakten ist kinderleicht, denn die Liste der Kontakte ist alphabetisch geordnet.

Im einfachsten Fall halten Sie den Finger auf den Bildschirm und schieben ihn nach oben, um in der Liste der Kontakte weiter nach unten zu rollen.

3 Wenn Sie einen Kontakt nicht finden, tippen Sie mit dem Finger einfach auf die kleine Lupe

und geben dann im **Eingabefeld**

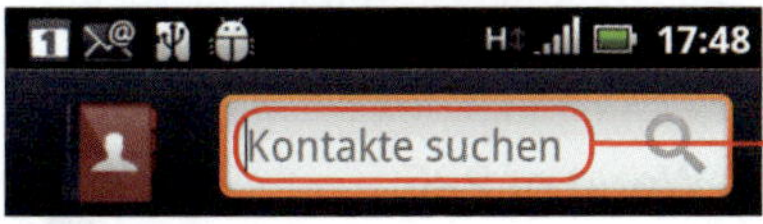

über die **Bildschirmtastatur** die ersten Buchstaben des Namens des gesuchten Kontaktes ein, im Beispiel . Dabei ist es vollkommen egal, ob es der Vor- oder der Nachname ist – Android sucht automatisch in allen Teilen des Namens. Je mehr Buchstaben Sie eingegeben haben, desto mehr wird die Liste der zutreffenden Kontakte, hier ,

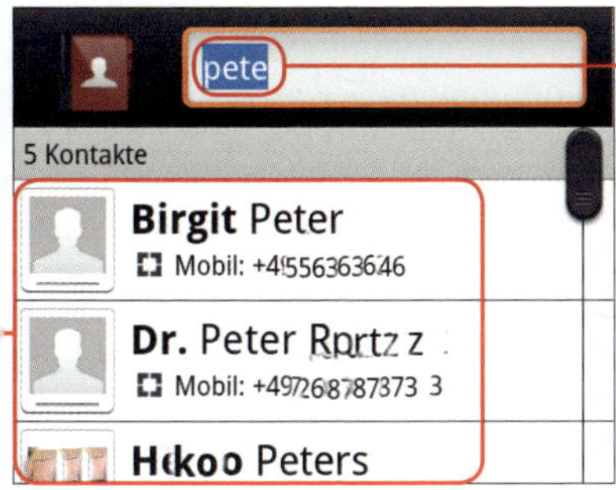

eingeschränkt – und umso schneller (meist noch, bevor Sie den kompletten Namen eingegeben haben) können Sie den gewünschten Kontakt durch Antippen auswählen.

Abgleich mit Google

Auf Seite 7 haben Sie bereits Ihr Google-Konto angelegt und dabei automatisch die **Synchronisation** mit Ihrem Google-Kontaktverzeichnis im Internet aktiviert. Der Vorteil liegt auf der Hand: Zum einen werden mit der Synchronisation alle bereits bei Google gespeicherten Elemente auf das mobile Gerät übertragen (und müssen dort nicht erneut eingegeben werden). Zum anderen werden bei dieser Gelegenheit auch die mobil eingegebenen Daten in das nur Ihnen zugängliche Google-Konto im Internet überspielt und sind dort sicher, falls das mobile Gerät einmal seinen Dienst aufgeben sollte. Im Internet finden Sie Ihre Kontakte, wenn Sie mit Ihrem Internetzugriffsprogramm auf **http://mail.google.com** wechseln und dort auf klicken.

4 Damit Sie alle Informationen zu sehen bekommen, die in einem Kontakt gespeichert sind, brauchen Sie den jeweiligen Eintrag in der Liste nur anzutippen. Dann können Sie direkt das tun, was auch mit kleinen Symbolen signalisiert wird: Tippen Sie beispielsweise auf ●, um eine Telefonnummer zu wählen, oder auf ●, um eine E-Mail zu senden.

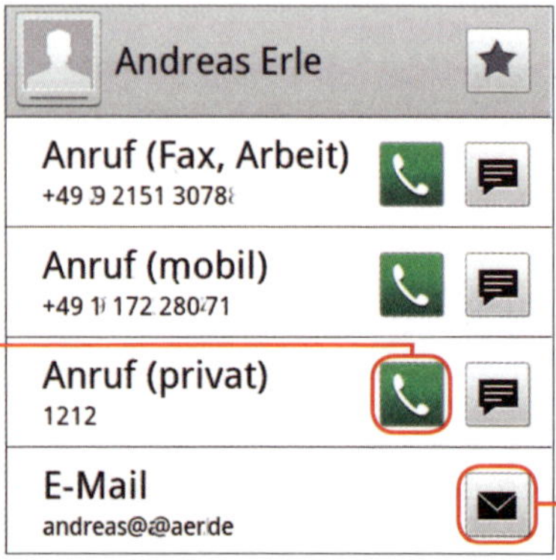

5 Wenn Sie im vorigen Schritt auf das Telefonsymbol getippt haben, wird (vorausgesetzt, das Gerät hat ein integriertes Telefon, was nur bei Android-Tablets nicht der Fall ist) direkt der Anruf der Nummer gestartet. Tippen Sie auf ●, um den Anruf zu beenden.

6 Rollen Sie wie gewohnt durch die Liste der Informationen zu einem Kontakt, in dem Sie den Finger auf den Bildschirm halten und ihn nach oben oder unten bewegen. Ganz unten in der Liste befinden sich die Informationen, die nicht direkt per Fingertipp verwendet werden können, zum Beispiel die Adresse. Um sich eventuell vorhandene Notizen zu einem Kontakt anzusehen, tippen Sie auf ●.

Kontakteinstellungen ändern

Auf den ersten Blick ist die Standarddarstellung ein wenig verwirrend: Die Kontakte sind nach Vor- und nicht nach Nachnamen sortiert. Dies lässt sich aber leicht ändern.

1 Wechseln Sie in die Kontakte, wie im Schritt 1 des vorigen Abschnitts gezeigt, und tippen Sie dann unter dem Bildschirm Ihres Gerätes auf die Taste ●.

Im sich öffnenden Menü können Sie ver

schiedene Sonderfunktionen für Kontakte anwählen.

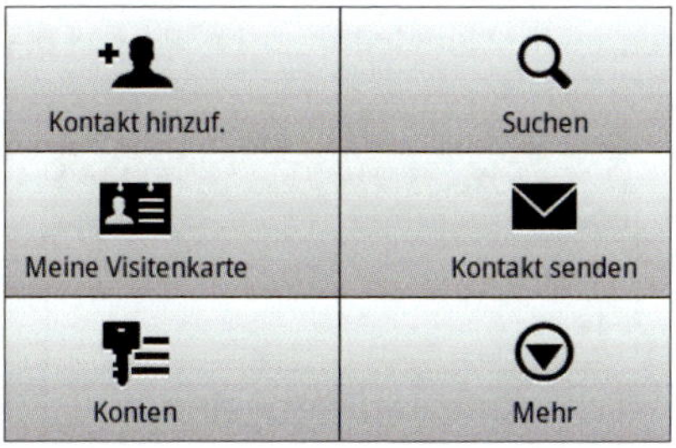

Wenn Sie die Darstellung der Kontaktliste verändern möchten, berühren Sie mit dem Finger

Ansichtoptionen.

2 Nun können Sie die Kontaktliste neu sortieren lassen, indem Sie zuerst auf

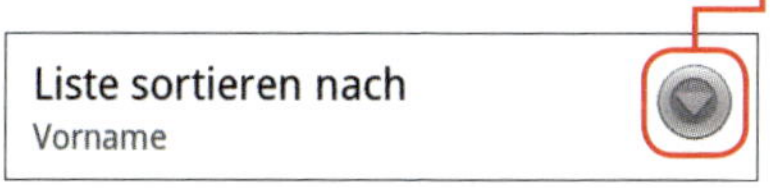

und danach auf

tippen, um die Sortierung nach Nachnamen festzulegen.

3 Je nachdem ob Sie Ihr Gerät privat oder beruflich nutzen, werden Sie Ihre Kontakte eher mit Vor- oder mit Nachnamen anreden. Daher können Sie neben der Sortierung der Kontakte auch deren Anzeige individuell bestimmen. Tippen Sie dazu auf

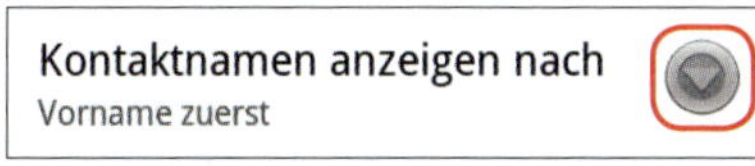

und dann auf, um den Vornamen zuerst anzeigen zu lassen, oder auf,

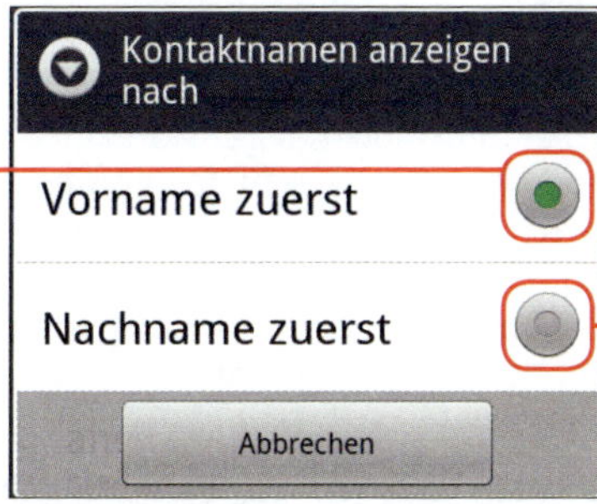

um den Nachnamen zuerst anzeigen zu lassen. Die Anzeige ist unabhängig von der Sortierung: Im Beispiel stehen die Vornamen

zwar an erster Stelle, sortiert sind die

Kontakte aber - wenn Sie dies im vorigen Schritt so eingestellt haben - immer noch nach dem Nachnamen.

Kontakt anlegen

Mit der Zeit lernen Sie immer mehr Menschen kennen - und das bedeutet, dass Sie auch immer mehr Kontaktdaten bekommen. Sinnvollerweise schreiben Sie sich diese nicht mehr auf einen Zettel, sondern geben sie direkt in Ihr mobiles Gerät ein.

1 Rufen Sie als Erstes wieder Ihre Kontakte auf, indem Sie Schritt 1 auf Seite 84 wiederholen. Damit Sie nun einen neuen, leeren Kontakt mit allen möglichen Datenfeldern anlegen und auf dem Bildschirm anzeigen können, tippen Sie unter dem Bildschirm Ihres Gerätes auf die Taste

und anschließend auf

.

2 Zunächst müssen Sie das Konto auswählen, in dem der neue Kontakt gespeichert werden soll. Für einen lokalen Kontakt, der nur auf dem Telefon verbleibt (damit aber auch nicht mit Ihrem Google-Konto synchronisiert wird), tippen Sie auf . Wenn der Kontakt später aber auch mit Google synchronisiert und gesichert werden soll, tippen Sie stattdessen auf Ihr Google-Konto, im Beispiel .

3 Jetzt können Sie jedes einzelne Datenfeld ausfüllen, indem Sie es mit dem Finger antippen und dann über die erscheinende Bildschirmtastatur den Inhalt eingeben. Tippen Sie beispielsweise auf , und geben Sie über die Bildschirmtastatur den Vornamen des neuen Kontaktes ein. Nach einem weiteren Tippen auf

können Sie auch den Nachnamen eingeben. Auf diese Weise lassen sich die einzelnen Felder kontinuierlich mit Informationen füllen.

4 Personen haben in der Regel mehrere Telefonnummern: eine zu Hause, eine im Büro, und ein Mobiltelefon ist meist auch noch vorhanden. Tippen Sie auf ●, um eine neue Telefonnummer hinzuzufügen, oder auf ●,

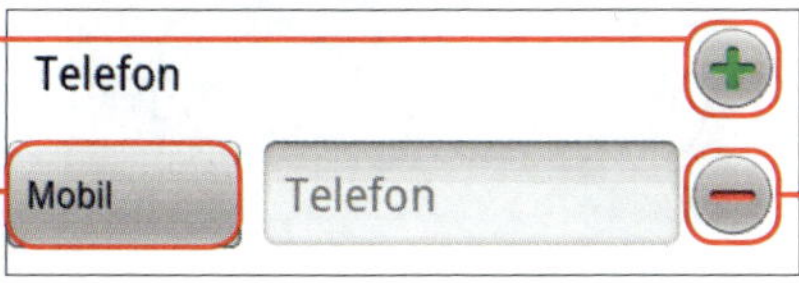

um sie zu löschen. Um die Art der Telefonnummer festzulegen, tippen Sie zuerst auf ●.

5 Anschließend öffnet sich eine Liste mit den verschiedenen Rufnummernarten.

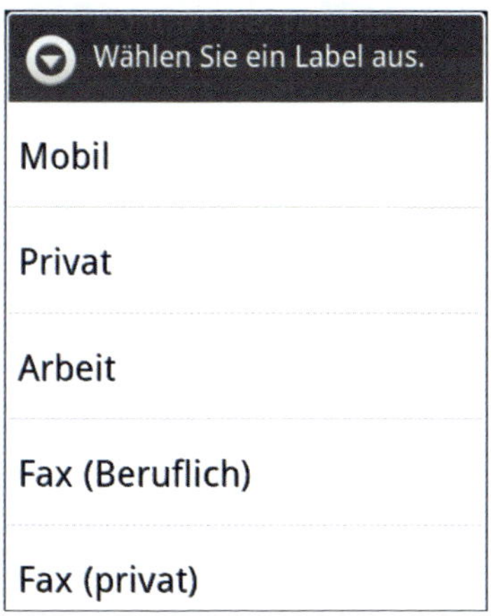

Der Rufnummerntyp im Eingabefeld ändert sich dann automatisch, je nachdem welchen Eintrag Sie in der Liste angetippt haben.

! Verwendung der richtigen Felder

Ein Kontakt besteht aus vielen Informationen wie Rufnummern, Adressen etc. Diese Datenfelder sind sowohl für Google als auch auf dem mobilen Gerät vorgegeben und werden bei der Synchronisation automatisch richtig abgeglichen und zugeordnet.
Seien Sie bei der Eingabe aber pingelig: Nur anhand des korrekten Datenfeldes ist Ihr mobiles Gerät in der Lage genau das zu tun, was Sie von ihm erwarten. Ein Beispiel: Steht eine Telefonnummer unter „mobil“, dann kann diese angerufen werden und ihr auch eine SMS geschickt werden. Tragen Sie stattdessen unter „mobil“ fälschlicherweise die Festnetznummer Ihres Kontakts ein, dann wird Ihnen Ihr mobiles Gerät ebenfalls anbieten, eine SMS dorthin zu schicken … was aber gar nicht geht.

6 Zum Speichern des neuen Kontakts reicht abschließend ein Tippen auf

.

Kontakte bearbeiten

Der beste Freund zieht um, die Schwiegermutter hat endlich ein Handy, kurz: Auch Kontaktinformationen ändern sich hin und wieder. Daher ist es natürlich ganz wichtig, dass Sie Ihre Kontakte auch ändern und bearbeiten können.

1 Wechseln Sie wieder in die Liste der Kontakte, und suchen und öffnen Sie den zu verändernden Kontakt, wie auf Seite 84 beschrieben.

2 Den geöffneten Kontakt können Sie nun ganz nach Wunsch bearbeiten. Tippen Sie dazu als Erstes unter dem Bildschirm Ihres Gerätes auf die Taste

und danach auf den Befehl . Wenn Sie den Kontakt stattdessen löschen wollen, reicht ein kurzes Berühren von

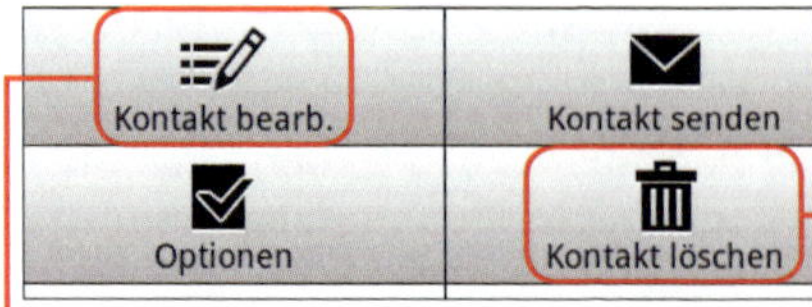

und zur Bestätigung ein Fingertipp auf .

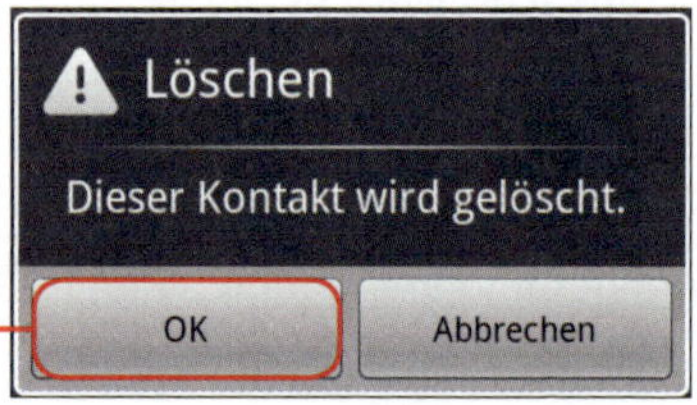

3 Verfahren Sie zur Änderung oder Neueingabe von Datenfeldern genau so, wie es Ihnen auf Seite 88 bei der Neueingabe eines Kontaktes gezeigt wurde.

Termine vereinbaren

Sie haben in vier Wochen einen Termin zum Squash. Und ab dann regelmäßig jede zweite Woche. Übermorgen spielen Sie mit einem Bekannten außer der Reihe Badminton, und am kommenden Samstag wollen Sie mit Freunden Essen gehen. Verwirrt? Natürlich … Sie versuchen gerade, Ihre Termine im Kopf zu organisieren. Nutzen Sie stattdessen Ihr mobiles Gerät, dann lichtet sich der Nebel schnell. Nicht nur der Titel und das Datum / die Uhrzeit des Termins, auch Orte, regelmäßige Wiederholungen und etwaige Teilnehmer lassen sich ganz einfach im Kalender des mobilen Gerätes speichern.

Termine anzeigen

Oft kommen Terminanfragen kurzfristig und sollen rasch beantwortet werden. Mit Ihrem Android-Gerät haben Sie den Terminkalender direkt parat und können nachschauen, ob Sie Zeit haben.

1 Um Ihren Terminkalender zu öffnen, tippen Sie zunächst unter dem Bildschirm Ihres Gerätes wieder auf die Taste ●,

danach auf ●

und schließlich auf

.

2 Standardmäßig wird Ihnen nun der aktuelle Monat in einer Übersicht angezeigt. Hier ● sehen Sie das aktuelle Datum und hier ● den Wochentag.

Die kleinen blauen Striche ● geben schon einen Hinweis darauf, wann Sie Termine haben.

3 Durch Wischen mit den Fingern nach links oder rechts über den Bildschirm wechseln Sie in der aktuellen Kalenderansicht nach vorn oder zurück.

4 Tippen Sie einen Tag an, damit Sie eine Übersicht über die Termine dieses Tages erhalten. Am linken Bildschirmrand sehen Sie die Stunden, rechts daneben die Termine, die an diesem Tag stattfinden. Im Beispielfall geht der Termin also von 19:00 ● bis 21:00 ● Uhr.

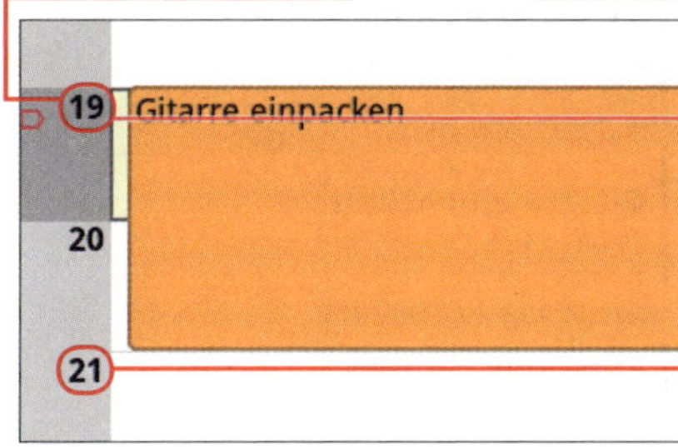

5 Wenn Sie eine andere Ansicht bevorzugen, tippen Sie zuerst auf ●.

Anschließend können Sie wählen, ob Sie zum Beispiel eine Übersicht über die aktuelle Woche bekommen oder eine allgemeine Terminübersicht angezeigt wird.

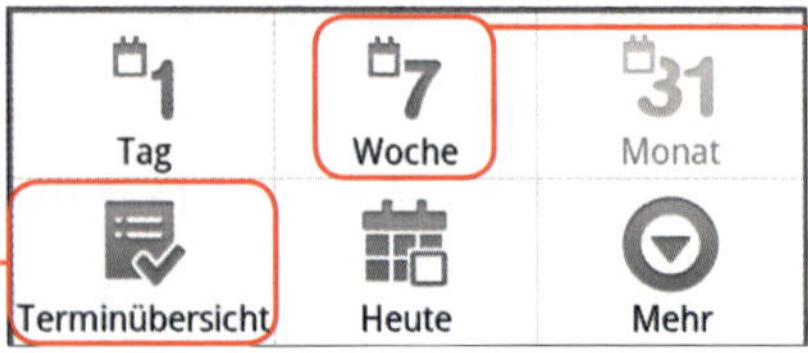

6 Die Terminübersicht ist eine chronologische Liste aller Termine, die ab dem aktuellen Datum stattfinden. Dank dieser Ansicht können Sie sich einen guten Überblick über anstehende Termine verschaffen. Auch können Sie einen gesuchten Termin blitzschnell öffnen, indem Sie ihn mit dem Finger antippen, hier.

7 Nachdem Sie einen Termineintrag in der Liste angetippt haben, werden Ihnen alle wichtigen Informationen dazu angezeigt. Darunter erhalten Sie noch einen Hinweis, wie viel Zeit vor dem Termin Sie daran erinnert werden, beispielsweise.

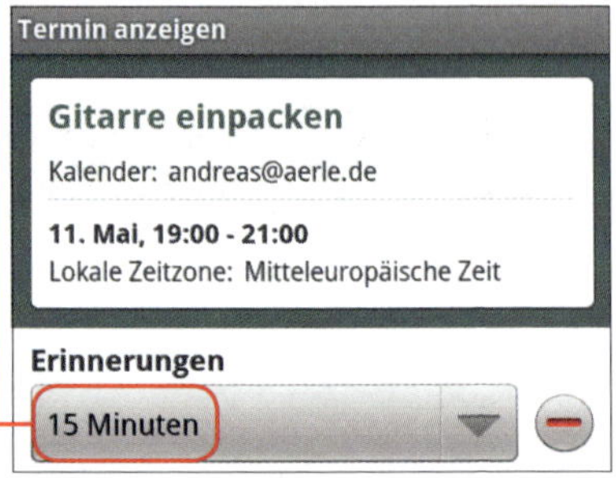

Termine anlegen

Damit sich Termine nicht versehentlich überschneiden, sollten Sie verabredete Termine so schnell wie möglich in den Kalender eintragen.

1 Wechseln Sie zu dem Datum, an dem der neue Termin stattfinden soll, indem Sie die Schritte 1 bis 6 des vorigen Abschnitts durchführen.

2 Anschließend tippen Sie zweimal schnell hintereinander mit dem Finger auf den Bildschirm Ihres Gerätes. Durch dieses „Anstupsen" machen Sie Ihrem Gerät deutlich, dass Sie einen neuen Termin eingeben möchten. Tippen Sie auf,

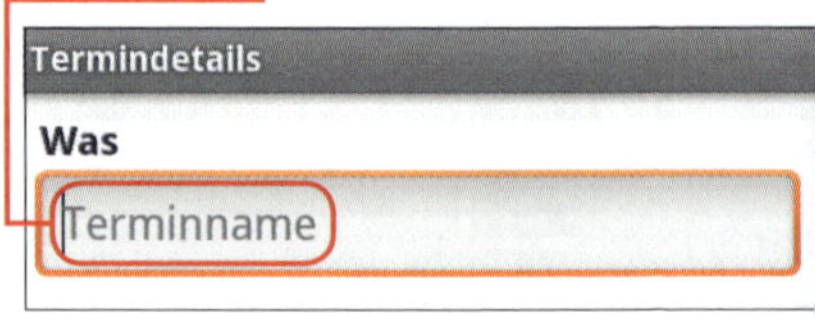

und tragen Sie die Bezeichnung des Termins ein. Wählen Sie diese so kurz, dass sie gut lesbar ist, aber auch so detailliert, dass Sie auf den ersten Blick erkennen können, was sich dahinter verbirgt. Statt „Essen“ geben Sie zum Beispiel besser „Essen mit Peter“ ein.

3 Um die Zeit und das Datum genauer festzulegen oder zu ändern, tippen Sie in die entsprechenden Felder für den Start und das Terminende

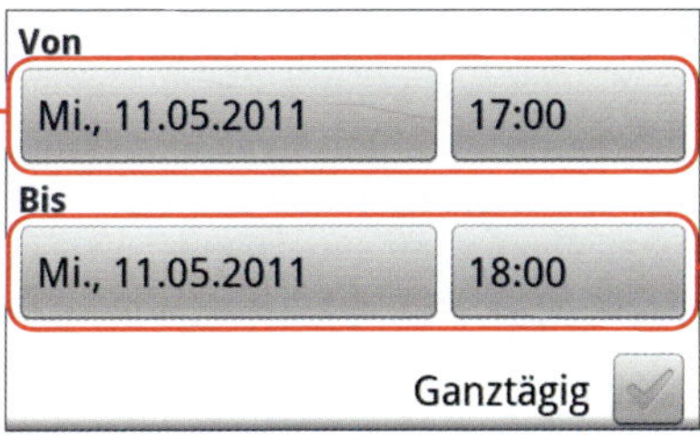

und nutzen dann die „Stellräder“. Mit den Pluszeichen über den kleinen Einstellrädern

erhöhen Sie den jeweiligen Wert, mit den Minuszeichen verringern Sie ihn.

4 Sollte ein Termin ganztägig stattfinden, tippen Sie auf .

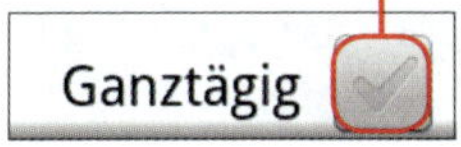

Beispiele für ganztägige Termine sind Geburtstage, besondere Anlässe wie Hochzeitstage oder Auszeiten wie Urlaube, die sich über mehrere Tage erstrecken.

5 Rollen Sie nun in den Termindetails nach unten, indem Sie wie gewohnt den Finger auf dem Bildschirm nach oben bewegen. Tippen Sie auf , und geben Sie den Ort ein, an dem der Termin stattfindet. Sollte der Platz für den Terminnamen in Schritt 2 nicht ausgereicht haben, dann können Sie hier

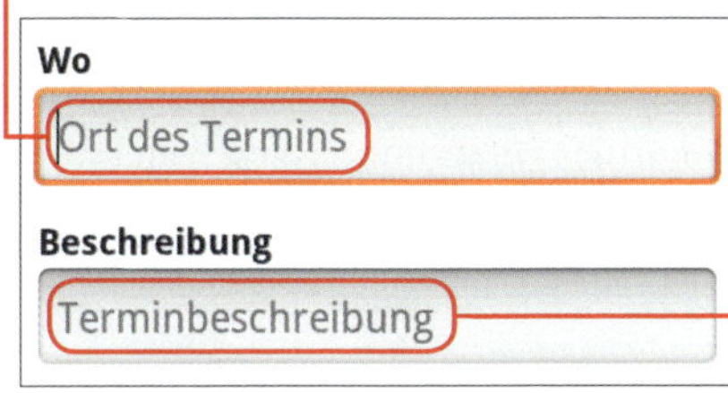

eine genauere Beschreibung ergänzen.

6 Damit Sie einen Termin nicht vergessen, sollten Sie sich daran erinnern lassen. Tippen Sie dazu als Erstes auf

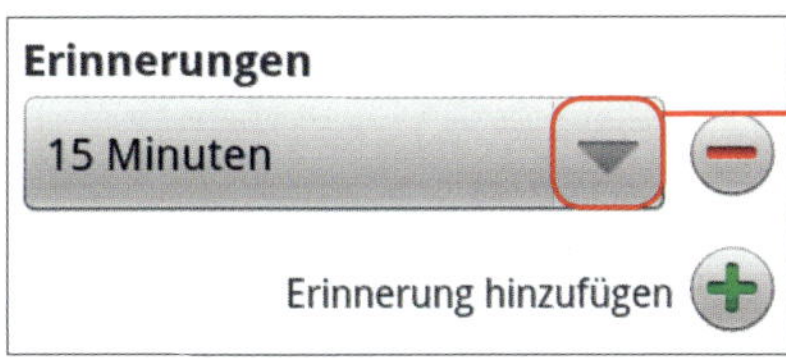

und anschließend auf eine der Zeitangaben, beispielsweise ●.

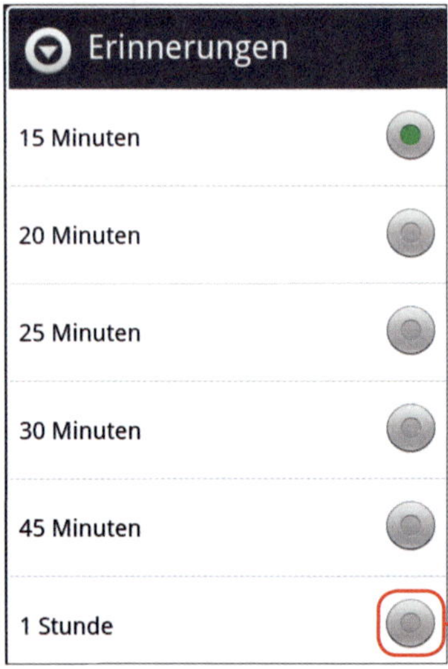

Wenn die Erinnerung ausgeschaltet werden soll, genügt ein Fingertipp auf

.

7 Wenn Sie nicht alleine an dem neuen Termin teilnehmen, sondern noch Freunde einladen möchten (die Sie natürlich in Ihren Kontakten gespeichert haben), tippen Sie auf ●

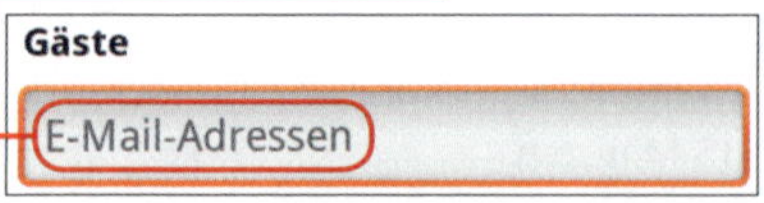

und suchen den Kontakt, wie es Ihnen auf Seite 84 gezeigt wurde.

8 Zum Beenden der Eingabe und zum Speichern des Termins reicht ein Tippen mit dem Finger auf

.

Termine automatisch wiederholen

Findet ein geschäftlicher oder ein privater Termin regelmäßig statt, beispielsweise der wöchentliche Frühschoppen des Kegelclubs? Auch das ist kein Problem, denn Ihr mobiles Gerät unterstützt auch sich wiederholende Termine.

1 Gehen Sie so vor, wie im vorigen Abschnitt beschrieben, und tippen Sie dann im Terminfenster auf ●.

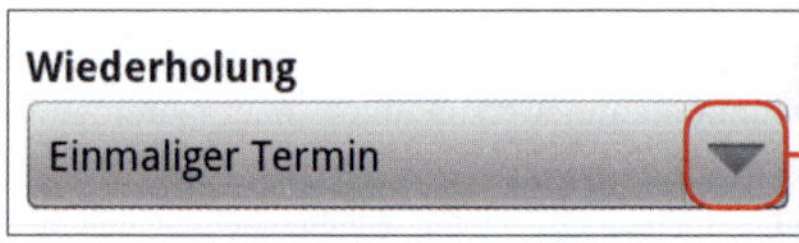

2 In der nun erscheinenden Liste finden Sie alle möglichen „Wiederholungsmuster". Diese legen fest, wie oft der Termin (ab dem in Schritt 3 der vorigen Anleitung festgelegten Starttermin) wieder eingetragen werden soll. Wählen Sie ●,

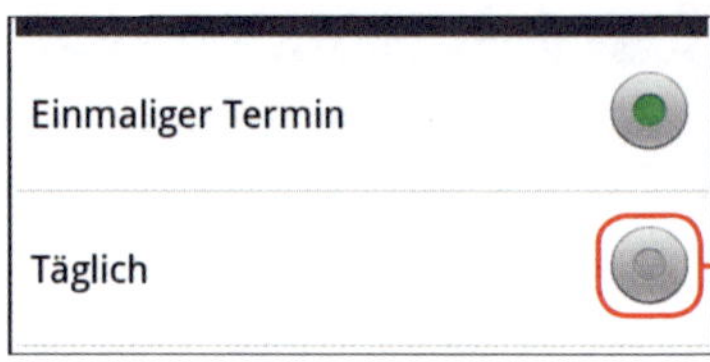

wenn der Termin täglich stattfinden soll, oder

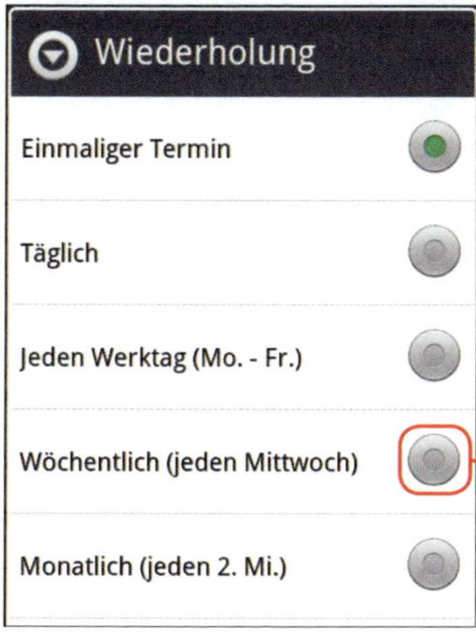

für eine wöchentliche Wiederholung (im Beispielfall war der Starttermin an einem Mittwoch, daher der Zusatz „jeden Mittwoch") etc.

3 Wenn Sie einen Geburtstag (der ja bekanntlich jährlich stattfindet) speichern möchten, rollen Sie in der Liste aus dem vorigen Schritt mit dem Finger weiter nach unten und tippen dann auf .

4 Speichern Sie den Termin wieder per Fingertipp auf

.

Termine löschen und bearbeiten

Die beste Organisation nützt nichts, wenn ein Termin wegen außerplanmäßiger Ereignisse verschoben werden muss. Zum Glück können Sie in Ihrem mobilen Gerät ruck, zuck notwendige Änderungen vornehmen.

1 Suchen Sie den Termin, der geändert werden muss, wie auf Seite 91 beschrieben, und tippen Sie den Eintrag an, damit die Anzeige geöffnet wird.

2 Um das Optionsmenü für den Termin aufzuklappen, tippen Sie nun auf .

Anschließend können Sie den Termin ganz einfach löschen, indem Sie den Befehl

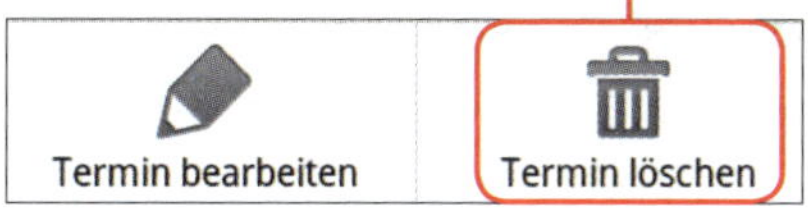

antippen. Zum Bestätigen des Löschens berühren Sie mit dem Finger .

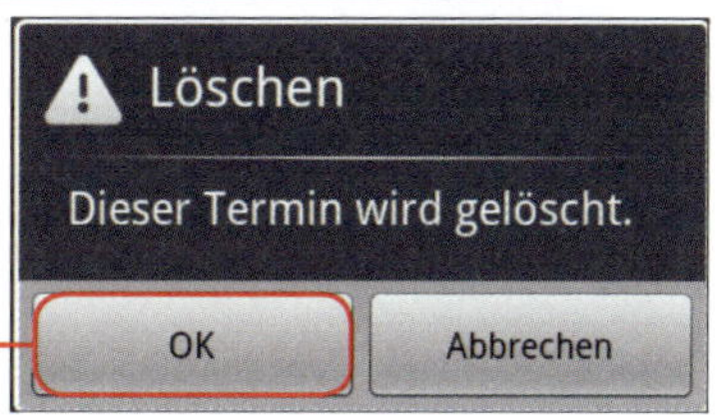

3 Falls Sie den Termin nicht löschen, sondern nur verändern möchten, tippen Sie im vorigen Schritt statt auf „Löschen" auf den Befehl

.

Jetzt können Sie die Eingaben genauso ändern, wie es auf Seite 92 für die Neuanlage eines Termins beschrieben wurde. Beenden Sie die Eingabe, und speichern Sie die Änderung mit dem üblichen Tippen auf

.

6 Die wichtigsten Programme für unterwegs

Während Sie mit einem reinen Telefon nur telefonieren und im besten Fall noch Termine und Kontakte verwalten können, haben Sie mit einem Android-Gerät quasi einen riesigen Bausatz erworben. Zwar sind von der ersten Sekunde an alle zentralen Funktionen bedienbar, aber es gibt zahlreiche Programme, mit denen Sie - wie bei Ihrem Rechner zu Hause - das Spektrum erheblich erweitern können. Im Folgenden erhalten Sie einen kurzen Überblick darüber, welche wichtigen Programme Sie an Bord Ihres Gerätes finden. Sie wollen Ihr Gerät als Telefon benutzen? Prima! Sie kennen den Weg zu Ihrem nächsten Termin nicht? Kein Problem - Android wird Ihnen zeigen, wo's lang geht.

Im sechsten Kapitel dieses Buches erfahren Sie,

- wie Sie beispielhaft Programme starten,
- wie Sie mit Android telefonieren können,
- wie Sie mit dem vorinstallierten Kartenprogramm Ihre Position ermitteln,
- wie Sie den Weg zu Ihrem nächsten Ziel finden können,
- wie Sie Ihr Gerät als Kamera nutzen
- und wie Sie Musik mit Android hören können.

Kapitel-Wegweiser

Programme an Bord

Das mobile **Betriebssystem** Android ist bereits von Haus aus mit diversen Programmen ausgestattet, die weit über Systemfunktionen hinaus gehen. In diesem Abschnitt sollen Ihnen die wichtigsten kurz vorgestellt werden. Ihre Bedienung erfolgt intuitiv und ist ganz einfach! Wie Sie weitere Programme auf Ihrem Gerät installieren und von dort bei Bedarf wieder entfernen können, lesen Sie im letzten Kapitel dieses Buches ab Seite 117.

Anwendungen allgemein

Alle installierten Programme - ganz gleich, ob sie bereits ab Werk an Bord waren oder erst später installiert wurden - sind im Hauptmenü zu finden.

1 Um dieses Hauptmenü zu öffnen und damit Zugriff auf die verschiedenen Programme zu erhalten, tippen Sie auf ●.

Wie mehrfach erwähnt, ist jedes Menü und jede Liste bei Android „rollbar“. Das heißt, wenn Sie mit dem Finger auf den Bildschirm drücken und den Finger dann nach oben oder unten bewegen, „rollen“ Sie die Anzeige auf oder ab und machen dadurch nicht sichtbare Elemente sichtbar.

2 Einige der vorinstallierten Anwendungen haben Sie bereits in den vorigen Kapiteln kennengelernt: den Android-Browser (siehe Seite 43), die Kontakte (siehe Seite 84), den Kalender (siehe Seite 90) und E-Mail (siehe Seite 55). Sie alle haben eines gemeinsam: Um sie zu starten, brauchen Sie sie aus dem Hauptmenü heraus nur mit dem Finger anzutippen.

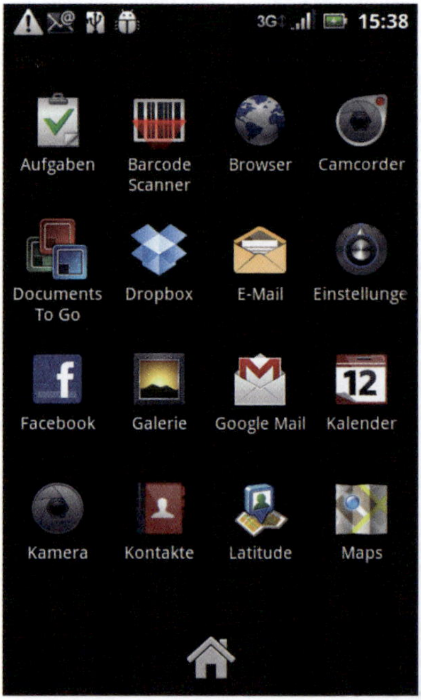

3 Um aus dem Hauptmenü wieder auf den Startbildschirm zu kommen

müssen Sie dort nur die Schaltfläche

antippen.

4 Zwei besonders wichtige Anwendungen finden sich nicht nur im Hauptmenü, sondern gleichzeitig auch in der Leiste der Verknüpfungen, die Sie auf jedem Startbildschirm sehen können: Hiermit starten Sie den Android-Browser und hiermit

das Telefon Ihres Gerätes.

Telefonieren mit Android

Früher mussten Sie sich unterwegs mit einer Vielzahl von mobilen Geräten abplagen: MP3-Player, Kamera, Telefon, Taschencomputer. Im Urlaub kamen dann noch die unterschiedlichen Netzteile hinzu, kurz: Volle Taschen waren vorprogrammiert. Heutzutage hat sich diese Situation dank der modernen mobilen Geräte entspannt: Alle beschriebenen Funktionen finden sich in Ihrem Android-Gerät wieder!

Selbst anrufen

1 Um von Ihrem Gerät aus einen Anruf zu tätigen, tippen Sie im Hauptmenü auf die Schaltfläche

.

2 Auf dem Bildschirm, der daraufhin erscheint, können Sie hier die letzten Anrufe sehen. Darunter wird eine Nummerntastatur eingeblendet, wie Sie sie von einem normalen Mobiltelefon gewöhnt sind.

3 Um eine Rufnummer über die Tastatur zu wählen, tippen Sie diese einfach Ziffer für Ziffer auf dem Bildschirm ein. Zum Starten des Anrufes genügt ein Fingertipp auf die grüne Schaltfläche mit dem Telefonhörersymbol:

Ihr Gerät baut nun eine Verbindung zu Ihrem Gesprächspartner auf. Dies erkennen Sie an dem entsprechenden Hinweis ●, unter dem auch noch der Name und die Rufnummer des Angerufenen erscheinen, im Beispiel ●.

4 Sobald die Person, mit der Sie telefonieren wollen (oder ihr Anrufbeantworter), das Gespräch annimmt, ändert sich die Anzeige. Auf Wunsch können Sie das Gespräch „parken“, indem Sie auf ● tippen. In dem Fall wird der Gesprächspartner in der Leitung gehalten, hört aber nicht mehr, was Sie sagen. Dies kann hilfreich sein bei Rückfragen, deren Wortlaut Ihr Gesprächspartner nicht mitbekommen soll. Die aktuelle Gesprächsdauer lesen Sie hier ● ab.

5 Während des Gesprächs können Sie verschiedene Funktionen anwählen: Tippen Sie auf ●,

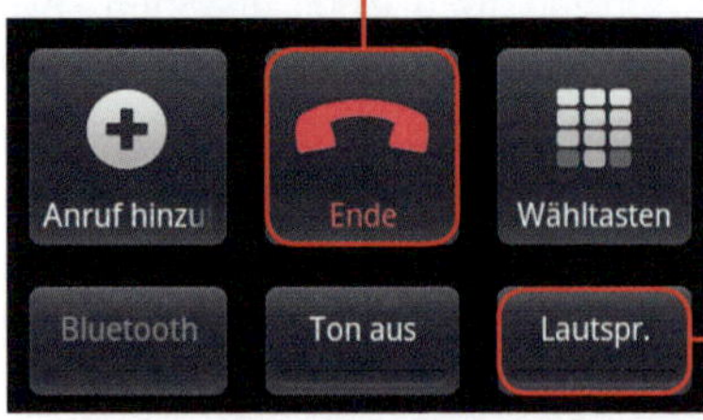

um das Gespräch zu beenden. Per Fingertipp auf ● schalten Sie es auf den Laut-

Ausgehender Bildschirm während des Gesprächs?

Wundern Sie sich nicht, wenn der Bildschirm Ihres Gerätes aus ist, sobald Sie es vom Ohr nehmen, und erst dann wieder angeht. Die meisten Geräte haben einen sogenannten Annäherungssensor, der beim Telefonieren merkt, wenn Sie das Gerät ans Ohr halten. Dieser Sensor schaltet den Bildschirm dann tatsächlich komplett aus, um zum einen Strom zu sparen (mit den Ohren können Sie schließlich nicht sehen), zum anderen aber auch, um zu vermeiden, dass Sie mit Ihren Ohren oder Haaren versehentlich Schaltflächen berühren und dadurch Funktionen in Gang setzen.

sprecher Ihres Gerätes und können auf diese Weise auch Umstehende am Gespräch teilhaben lassen. Durch erneutes Drücken der Taste schalten Sie den Lautsprecher wieder aus.

Wenn Sie von unterwegs beispielsweise Ihren Anrufbeantworter zu Hause abfragen wollen, benötigen Sie nach dem Aufbau der Verbindung eine Nummerntastatur, um dessen Geheimzahl einzugeben. Damit diese angezeigt wird, tippen Sie auf ●.

6 Über die nun auf dem Bildschirm erscheinende Tastatur

können Sie die benötigten Ziffern eingeben. Wenn Sie die Tastatur nicht mehr brauchen und wieder schließen möchten, reicht ein Fingertipp auf

.

Kontakte anrufen

Warum sollten Sie Rufnummern von Kontakten, die Sie bereits in Ihrem Gerät gespeichert haben, nochmal über die Tastatur eingeben? Natürlich ermöglicht Ihnen das Telefonprogramm auch den direkten Zugriff auf Ihre Kontakte.

1 Nachdem Sie das Telefonprogramm durch ein Tippen auf

im Hauptmenü wieder gestartet haben, tippen Sie am oberen Bildschirmrand auf ●.

2 Daraufhin zeigt Ihnen Ihr Gerät wieder eine Übersicht der gespeicherten Kontakte an. Tippen Sie auf ●,

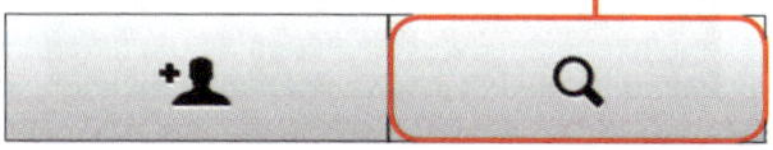

um den Suchbildschirm zu öffnen, und suchen Sie den Kontakt, den Sie anrufen wollen. Tippen Sie den Eintrag in der Liste an, wie auf Seite 85 beschrieben.

3 Sollten zu einem Kontakt mehr als eine Rufnummer gespeichert sein, dann werden Ihnen diese untereinander angezeigt. Zum Wählen einer der Nummern tippen Sie einfach auf das grün unterlegte Hörersymbol neben dem entsprechenden Eintrag: ●.

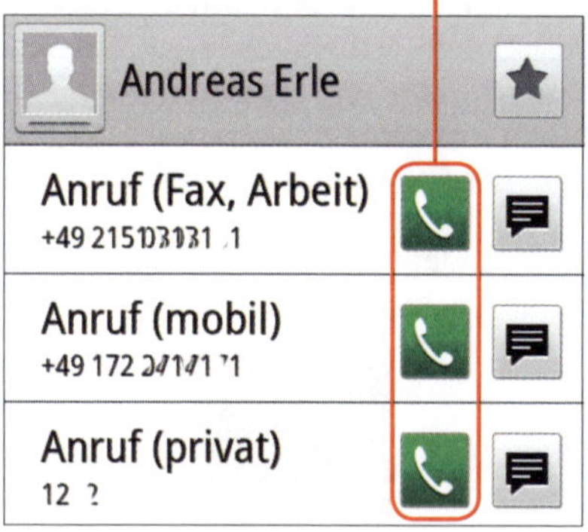

Einen Anruf entgegennehmen

Entgegen den üblichen Gepflogenheiten müssen Sie einen eingehenden Anruf nicht zwangsläufig annehmen, sondern können ihn auch zurückweisen.

1 Ihr Android-Gerät zeigt Ihnen die Nummer ● des Anrufers beziehungsweise – wenn diese in einem Kontakt gespeichert ist – den dazugehörigen Namen an, im Beispiel ●.

2 Gleichzeitig wird der ausgewählte Klingelton abgespielt (siehe Seite 81) – es sei denn, Sie haben das Gerät auf Vibrationsalarm gestellt (siehe Seite 79). Dann vibriert es nur.

3 Um das Gespräch anzunehmen, tippen Sie auf ●

und bewegen den Finger über den Bildschirm nach rechts. Wenn Sie hingegen auf

tippen und den Finger nach links wischen, weisen Sie den eingehenden Anruf ab. Der Anrufer hört in einem solchen Fall dann ein Besetzt-Zeichen.

4 Um einen Anruf wieder zu beenden, tippen Sie einfach auf

.

Anhand von Navigation und Karten orientieren

Ein mobiles Gerät wie Ihr Android-Gerät ist darauf ausgelegt, unterwegs genutzt zu werden. Und was fehlt Ihnen unterwegs immer wieder? Richtig: eine Karte, ein kundiger Einheimischer, der Ihnen sagt, wo Sie sind und wie Sie am besten zu Ihrem Ziel kommen. Damit der in jedem Android-Gerät integrierte Satellitenempfänger (**GPS**, „**G**lobal **P**ositioning **S**ystem", Globales Ortungssystem) die Position bestimmen kann, ist freie Himmelssicht nicht zwingend erforderlich: Auch anhand der empfangenen Funkzellen beziehungsweise der erkannten WLANs ist zumindest eine grobe Bestimmung der Position möglich.

Bestimmung der Position

1 Um das Kartenprogramm aufzurufen, öffnen Sie wieder das Hauptmenü per Fingertipp auf

und wählen dann den Eintrag

.

2 Ihr Gerät versucht nun automatisch, die Position zu bestimmen. Dies erkennen Sie daran, dass am oberen Bildschirmrand ein kleines Antennensymbol

blinkt. Im Hintergrund wird die Position bereits grob anhand der Informationen, die Ihr Mobilfunkbetreiber liefert, ermittelt.

GPS und Himmelssicht

Android-Smartphones haben einen integrierten GPS-Empfänger und können damit die Position ganz genau bestimmen. Wichtig dabei ist, dass das Gerät freie Sicht auf den Himmel hat, um die zur Positionsbestimmung nötigen Satelliten „sehen" zu können. Sollte dies nicht der Fall sein, kann die Position nur annähernd auf maximal 30 Meter genau bestimmt werden.

Und falls das Gerät nicht genug Informationsquellen (wie bekannte WLANs und Funkzelleninformationen) empfängt, kann es sogar sein, dass überhaupt keine Positionsbestimmung möglich ist. Dies wird durch einen grauen Positionspunkt angezeigt: ●.

Gehen Sie in dem Fall an einen anderen Ort, an dem der Empfang möglicherweise besser ist, und versuchen Sie die Positionsbestimmung dann erneut.

3 Ist die Position grob bestimmt, erscheint in der Kartenansicht ein Kreis: ●. In dem von diesem Kreis eingegrenzten Bereich befindet sich Ihre Position. Je kleiner der Kreis, desto genauer ist die ermittelte Positionsangabe. Dem kleinen Infotext ●

können Sie entnehmen, wie genau die aktuelle Positionsbestimmung ist. Sobald der integrierte Satellitenempfänger die Position exakt ermittelt hat, wird dies durch einen blauen Pfeil in der Karte angezeigt: ●.

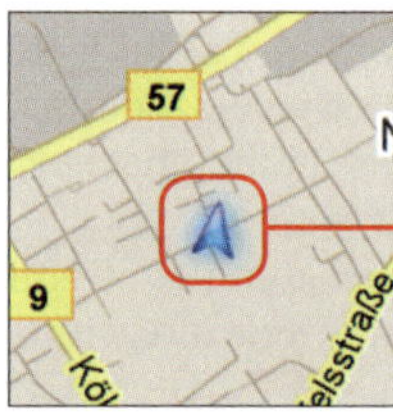

4 Um die Karte zu vergrößern, verwenden Sie die Methode, die Sie schon auf Seite 46/47 bei Internetseiten kennengelernt haben: Tippen Sie mit dem Zeigefinger doppelt auf die Positionsmarkierung. Dann wird der Ausschnitt optimal angezeigt (das Gerät entscheidet dabei selbst, wie stark die Ansicht vergrößert wird).

Sollte Ihnen dies nicht reichen, können Sie die Kartendarstellung manuell vergrößern: Legen Sie dazu Daumen und Zeigefinger um die Positionsmarkierung

in der Karte, etwa ●,

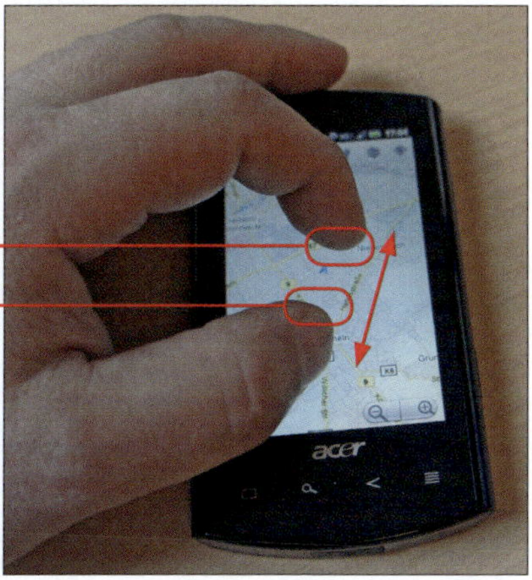

und bewegen Sie die Finger so lange auf dem Bildschirm voneinander weg, bis der Ausschnitt für Sie tatsächlich optimal ist.

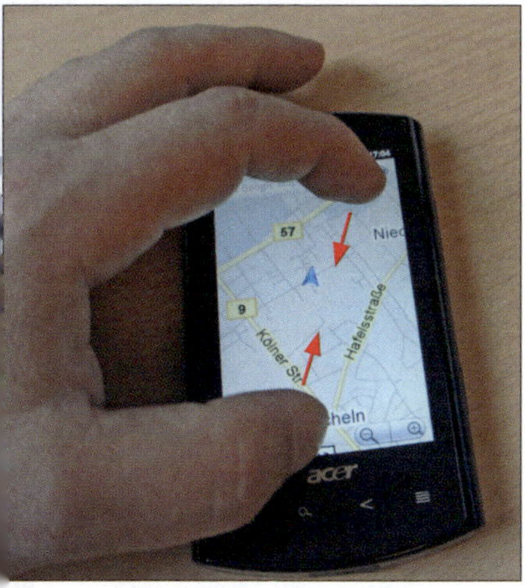

Zum Verkleinern der Ansicht bewegen Sie die Finger aufeinander zu.

5 Wenn Ihnen diese Art der Bedienung nicht so recht liegt, können Sie auch die kleine Lupe auf dem Bildschirm verwenden. Tippen Sie auf ●, um die Ansicht zu vergrößern, oder auf ●,

um sie zu verkleinern. Verändern Sie den Kartenausschnitt, indem Sie den Finger auf den Bildschirm legen und ihn (und damit die Karte) bewegen.

Ansicht der Karte ändern

Im Standard sehen Sie die Karte in einer gezeichneten Darstellung, vergleichbar mit einer Straßenkarte aus Papier. Effektiv, aber zweifellos nicht so eindrucksvoll, als würden Sie mit einem Satelliten mit hochauflösender Kamera über Ihrer aktuellen Position schweben …

1 Nachdem Sie Ihre aktuelle Position, wie im vorigen Abschnitt gezeigt, bestimmt haben, tippen Sie mit dem Finger oben rechts auf dem Bildschirm auf ●.

2 Um jetzt die Satellitenansicht auszuwählen, tippen Sie auf

,

um später wieder zur normalen Kartenansicht zurückzukehren, auf ●.

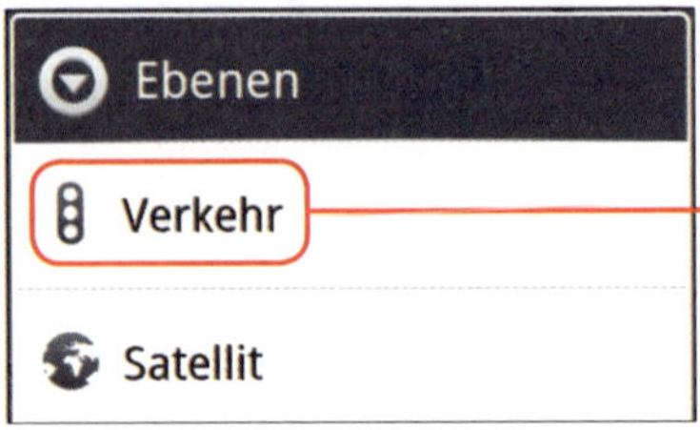

In der Satellitenansicht werden keine Live-Bilder verwendet, sondern Fotos, die beim Überflug eines Satelliten aufgenommen und in einer vom Gerät via Internet abgefragten Datenbank gespeichert wurden. Nichtsdestotrotz sieht die Kartenansicht plötzlich noch viel eindrucksvoller aus:

3 Auch in der Satellitenkarte können Sie sich frei bewegen, die Ansicht ganz nach Wunsch vergrößern oder verkleinern, wie in Schritt 4 auf Seite 105 beschrieben.

4 Vorbei sind die Zeiten, in denen Sie vergeblich nach Ihrem Auto gesucht haben, das Sie irgendwo in der Fremde geparkt hatten: Wenn Sie Ihre aktuelle Position markieren wollen, tippen Sie einfach auf den Hinweis ●.

Daraufhin öffnet sich ein Übersichtsbildschirm, in dem Sie die aktuelle Adresse sehen und zudem erfahren, wie genau die aktuelle Positionsbestimmung ist, etwa ●. Um die aktuelle Position als Lesezeichen zu markieren, tippen Sie auf den Stern ●.

5 Kehren Sie anschließend per Fingertipp auf ●

in die Kartenansicht zurück. An Ihrer aktuellen Position befindet sich nun ein kleiner, gelber Stern ●, den Sie in der Karte gut erkennen und zur Orientierung verwenden können.

Wie komme ich nach ...?

Neben dem einfachen Kartenprogramm hat Ihr Android-Gerät sogar direkt ab Werk ein echtes Navigationssystem mit an Bord, das Ihnen - egal, ob Sie zu Fuß, mit dem Fahrrad oder mit dem Auto unterwegs sind - stets ein zuverlässiger Lotse sein kann.

1 Öffnen Sie wieder das Hauptmenü durch ein Tippen auf ●,

und wählen Sie dann den Eintrag ●, um das entsprechende Programm aufzurufen.

2 Da Sie dieses Programm im Straßenverkehr nutzen könnten, werden Sie zunächst darauf hingewiesen, dass die Bedienung während der Fahrt verboten ist. Wenn Sie die Meldung künftig nicht mehr angezeigt bekommen wollen, tippen Sie auf ●.

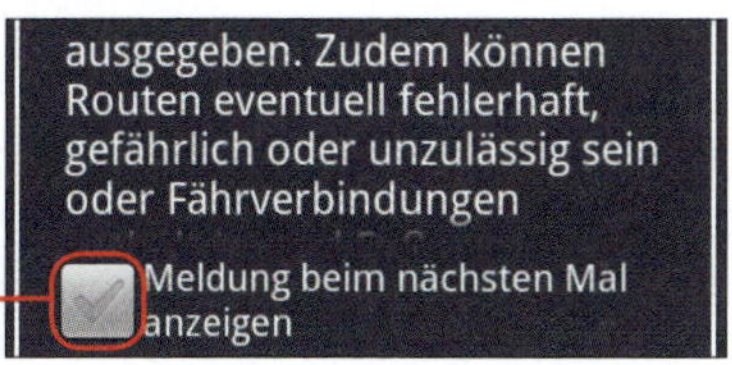

Zur Bestätigung reicht ein Fingertipp auf ●.

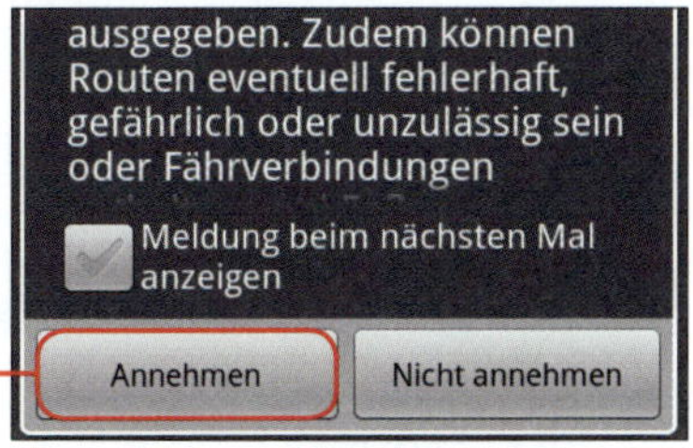

3 Anschließend erscheint ein Menü, in dem Sie die wichtigsten Einstellungen für die Berechnung des Wegs zu Ihrem Ziel vornehmen können.

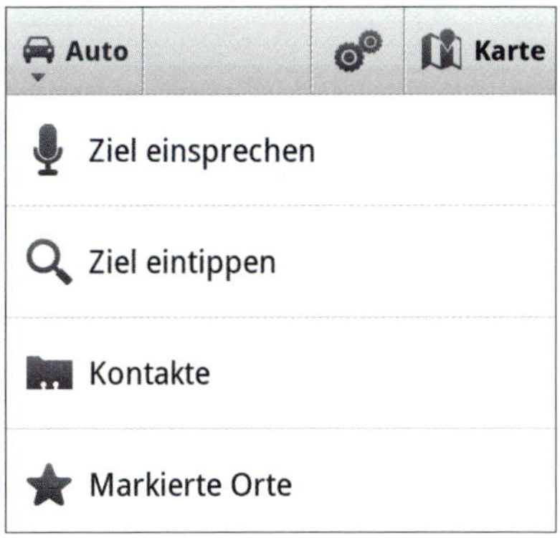

4 Die Wegführung wird eine andere sein, wenn Sie zu Fuß unterwegs sind (der Hinweis auf Autobahnen würde sich logischerweise erübrigen) oder wenn Sie mit dem Wagen fahren (mit dem Sie beispielsweise nicht falsch in eine Einbahnstraße fahren dürfen). Um das von Ihnen verwendete Fortbewegungsmittel auszuwählen, tippen Sie als Erstes auf und dann in der Liste auf den zutreffenden Eintrag, etwa .

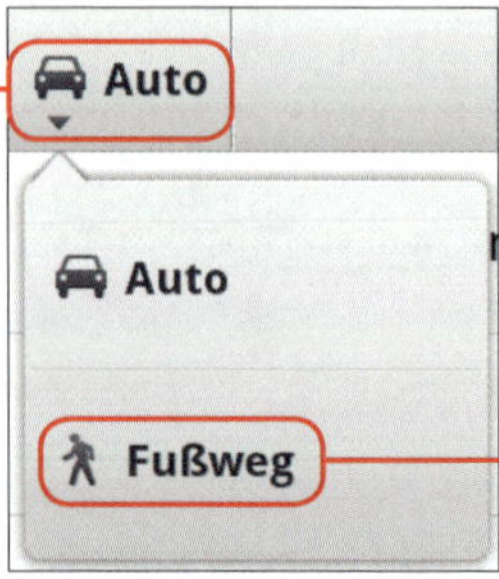

5 Wenn Sie jetzt zum Beispiel zu einem gespeicherten Lesezeichen (etwa Ihrem Auto, dessen Position Sie auf Seite 106 gespeichert hatten) navigieren möchten, tippen Sie auf

.

Ihr Gerät zeigt Ihnen daraufhin eine Liste Ihrer Lesezeichen. Hier können Sie per Fingertipp auf einen Eintrag die dazugehörige Adresse als Ziel Ihrer Navigation festlegen.

6 Sollte Ihr Ziel noch nicht irgendwo gespeichert sein, können Sie es ganz einfach eingeben. Nach einem Tippen auf

geben Sie die Adresse in das dafür vorgesehene Feld

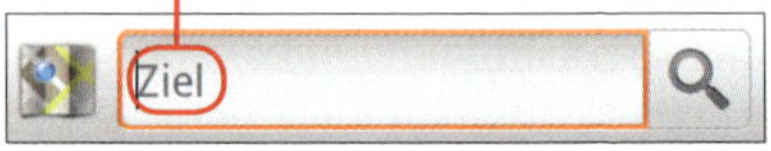

ein. Es reicht, wenn Sie Ort und Straße eintippen. Google sucht daraufhin automatisch die bekannten Adressen durch und zeigt sie Ihnen in einer Liste an. Sobald Sie den passenden Eintrag sehen, im Beispiel ,

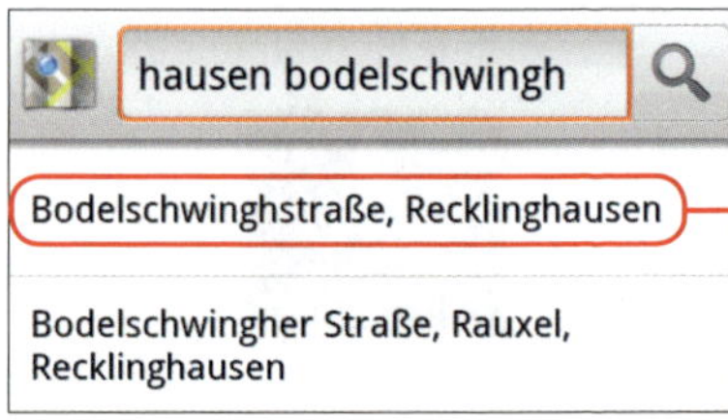

tippen Sie ihn an.

7 Sie wollen schnell von Ihrem aktuellen Standort zu Ihrem besten Freund? Den haben Sie doch als Kontakt gespeichert! Da brauchen Sie nur den Eintrag

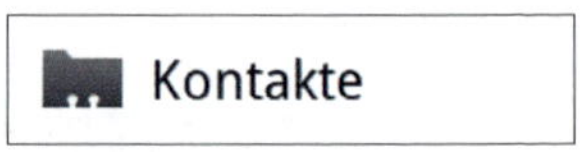

anzutippen und wie gewohnt (und auf Seite 84/85 beschrieben) den Kontakt herauszusuchen.

8 Ihr Gerät wechselt nun direkt in die Zielführung und zeigt Ihre aktuelle Position auf der Karte an. Hier

sehen Sie jeweils die nächste Anweisung (im Beispiel: links abbiegen), und hier die Zeit, mit der Sie in etwa noch rechnen müssen, bis Sie an Ihrem Ziel angekommen sind.

Folgen Sie einfach den Anweisungen, die Ihr Gerät über die Lautsprecher ausgibt, und vergewissern Sie sich bei Unsicherheiten auf dem Bildschirm. Dann sind Sie im Handumdrehen am Ziel.

Fotos machen

Wer kennt es nicht: Wenn Ihre Digitalkamera zu Hause selig im Schrank schlummert, fallen Ihnen unterwegs die schönsten Motive ins Auge. Das macht aber gar nichts, denn Ihr mobiles Android-Gerät hat eine Kamera für Schnappschüsse direkt mit an Bord.

1 Die meisten Geräte haben eine separate Taste für die Kamera an der rechten Seite des Gehäuses.

Halten Sie diese einen Moment länger gedrückt, um die Kamera zu starten. Alter-

Stromverbrauch beachten

Das Navigieren mit einem mobilen Gerät ist für Sie als Anwender einfach und bequem. Ihr Android-Gerät aber setzt es unter Druck: Der Bildschirm ist dauernd an, die Route muss ständig nachverfolgt werden, kurz: Der Stromverbrauch steigt. Und da nichts schlimmer ist, als unterwegs ohne Strom dazustehen, sollten Sie sich im Fachhandel ein Autoladekabel zulegen. Wenn Sie den genauen Gerätetyp angeben, ist dies schnell gefunden!

Wenn der Kamera-Knopf nicht geht

Die Funktionsweise der Kamera erfordert es, dass Sie das Gerät beim Fotografieren quer in der Hand halten. Dabei werden Sie schnell dazu übergehen, es mit der linken Hand abzustützen. Und das wiederum kann schnell dazu führen, dass Sie den Annäherungssensor (siehe Seite 101) abdecken. Bei der Kamera wird dieser Sensor dazu verwendet, versehentliches Auslösen zu verhindern: Ist er verdeckt (beispielsweise wenn Ihr Android-Gerät in der Hosentasche ist), startet die Kamera-Anwendung grundsätzlich nicht, um ungewollte Fotos zu vermeiden. Verdecken Sie den Sensor also nicht!

nativ können Sie auch im Hauptmenü auf das Symbol ● tippen.

2 Der Bildschirm Ihres Gerätes wird als Vorschaufenster der Kamera benutzt, so wie Sie es von Ihrer Digitalkamera her kennen. Drücken Sie die Kamera-Taste an Ihrem Gerät oder tippen Sie auf dem Bildschirm auf das Symbol ●, um ein Foto aufzunehmen.

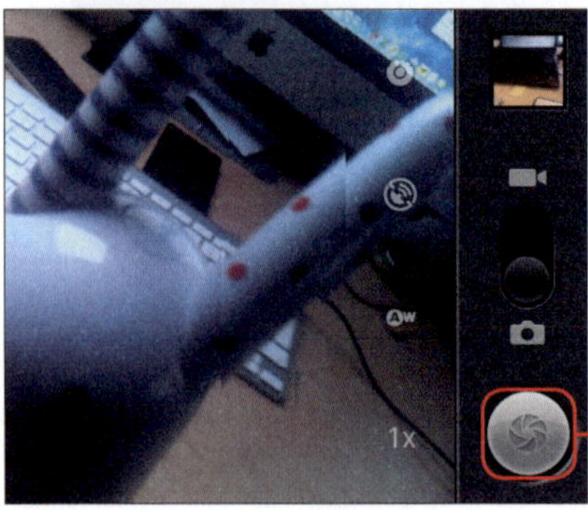

3 Das zuletzt aufgenommene Foto wird Ihnen rechts oben im Kamera-Fenster angezeigt. Um in die Liste Ihrer Fotos zu wechseln, tippen Sie einfach auf ●.

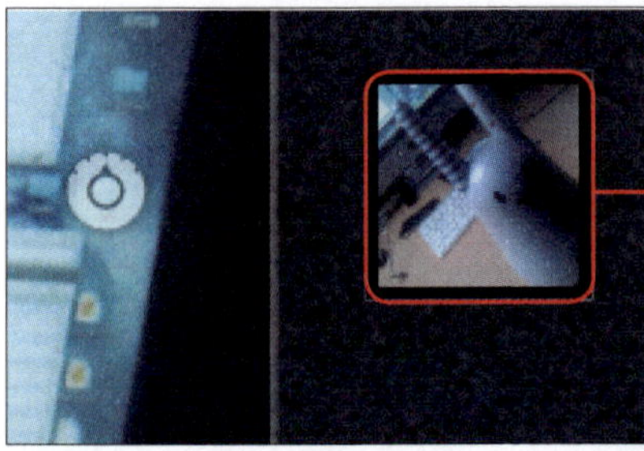

Durch die Übersicht Ihrer Bilder navigieren Sie dann wie gewohnt, indem Sie mit dem Finger über den Bildschirm wischen.

4 Wenn Sie ein markiertes Foto löschen möchten, tippen Sie auf

und bestätigen den Löschbefehl per Fin

gertipp auf den Befehl ●.

> **Qualität der Bilder**
>
> So schön es auch ist, dass mobile Geräte heutzutage alle eine integrierte Digitalkamera haben: Die Kompaktheit der Geräte fordert ihren Tribut. Die für die Bildqualität verantwortliche Linse ist sehr klein, und daher sind die Bilder in den meisten Fällen nicht so scharf und kontrastreich wie die Ihrer „großen" Digitalkamera. Für den Schnappschuss zwischendurch ist dies aber vollkommen egal. Wenn Sie allerdings wirklich gute Bilder machen möchten, sollten Sie Ihre Digitalkamera verwenden.

5 Um ein Bild per **E-Mail** an Freunde weiterzuleiten, tippen Sie als Erstes auf ●

und anschließend auf ●.

Daraufhin wird eine neue E-Mail geöffnet, die Sie wie gewohnt mit den Empfängerinformationen füllen und versenden können (siehe Seite 65).

Musik hören mit dem Smartphone

Ihr Android-Gerät wird schnell Ihr ständiger Begleiter sein und daher eine Vielzahl von Aufgaben übernehmen. Dazu zählt auch die Funktion als MP3-Player, der es Ihnen ermöglicht, Ihre Lieblingsmusik unterwegs zu hören. Für den mobilen Musikgenuss brauchen Sie also kein Extragerät mehr mitzunehmen.

Musik auf das Gerät kopieren

Damit Sie Musik hören können, muss diese natürlich erst einmal auf das Gerät kopiert werden. Dies ist relativ einfach: Ihrem mobilen Gerät liegt in der Originalverpackung des Herstellers immer ein sogenanntes Synchronisationskabel bei:

1 Nehmen Sie das breite Ende des Kabels,

und stecken Sie es in die dafür vorgesehene Buchse an Ihrem Desktop-Rechner: ●. Diese ist mit dem USB-Symbol gekennzeichnet: ●.

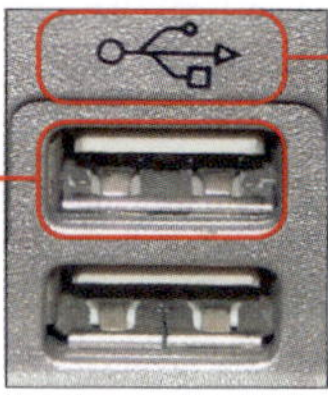

USB steht übrigens für „**U**niversal **S**erial **B**us", die universelle Datenschnittstelle für Computer, die mit Peripheriegeräten und anderen Rechnern Verbindung aufnehmen sollen.

2 Nachdem Sie das breite Kabelende an Ihrem Rechner eingesteckt haben, nehmen Sie das schmale Ende des Kabels

und stecken es in die entsprechende Buchse an Ihrem mobilen Gerät: ●.

Vorsicht, aber keine Angst

Das Anschließen des Kabels an ein mobiles Gerät gehört zu den Standardtätigkeiten, die Sie immer und immer wieder ausführen werden. Machen Sie sich keine Sorgen: Die Stecker sind so ausgelegt, dass sie nur in eine – und zwar die korrekte – Richtung ins Gerät passen. Sollten Sie dennoch unsicher sein, lesen Sie im Handbuch, das dem Gerät beiliegt, nach. Gewalt sollten Sie aber niemals anwenden!

3 Oben links auf dem Bildschirm Ihres Android-Gerätes erscheint nun ein kleines Symbol, das die USB-Verbindung anzeigt: ●.

Halten Sie den Finger darauf, und ziehen Sie ihn zusammen mit dem Symbol auf dem Bildschirm nach unten in den Hauptbildschirm. Tippen Sie dann auf

,

um den Speicher Ihres Gerätes für Ihren Desktop-Rechner verfügbar zu machen.

4 Nun geht Ihr Rechner davon aus, dass Ihr Android-Gerät nichts anderes ist als eine **Speicherkarte**, die – eingelegt in einem Lesegerät – jetzt angeschlossen wurde. Tippen Sie zuerst auf ●

und anschließend auf ●.

5 Ihr Rechner erkennt daraufhin den zur Verfügung gestellten Speicher und zeigt Ihnen ein Auswahlmenü an. Klicken Sie darin mit der linken Maustaste auf den Befehl ●.

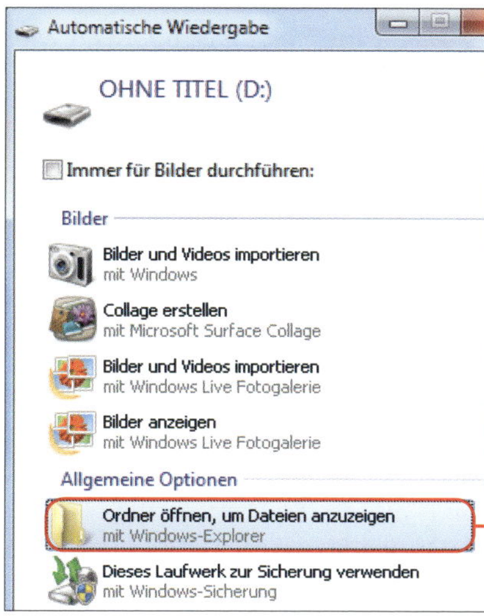

Hierdurch wird der Ordner, der sich ja im Speicher des Android-Gerätes befindet, mit dem Windows-Explorer geöffnet.

6 Öffnen Sie per Doppelklick den Ordner ●.

Darin befindet sich ein Unterordner namens ●, in den Sie auf die beim Windows-Explorer übliche Art und Weise alle Musikdateien hineinkopieren. Da im Windows-Explorer ja der Ordner vom Android-Gerät geöffnet ist, werden durch diese Vorgehensweise die Musikdateien direkt ins Smartphone kopiert.

7 Damit Ihr Gerät anschließend wieder selbst auf seinen Speicher zugreifen kann, tippen Sie auf dessen Bildschirm mit dem Finger auf

.

Musik abspielen

Nachdem Sie Ihre Lieblingsstücke auf Ihr Gerät kopiert haben, können Sie sie endlich anhören.

1 Öffnen Sie wieder das Hauptmenü per Fingertipp auf ●,

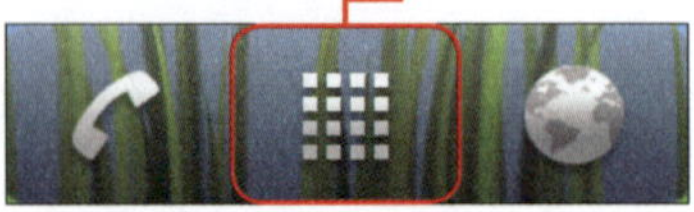

und wählen Sie, um das MP3-Player-Programm zu starten, das Symbol

.

Sollte auf dem Bildschirm die Meldung ●

erscheinen, dann trennen Sie das Gerät von Ihrem Desktop-Rechner!

2 Während des Programmstarts durchsucht Ihr Gerät den Speicher automatisch nach neuen Musikstücken. Daher werden Ihnen auch die im vorigen Abschnitt auf das Gerät kopierten Musikstücke angezeigt. Standardmäßig sind sie dabei alphabetisch nach Titeln sortiert. Wenn stattdessen die Interpreten aufgelistet werden sollen, tippen Sie auf ● und für die Anzeige aller Alben auf ●.

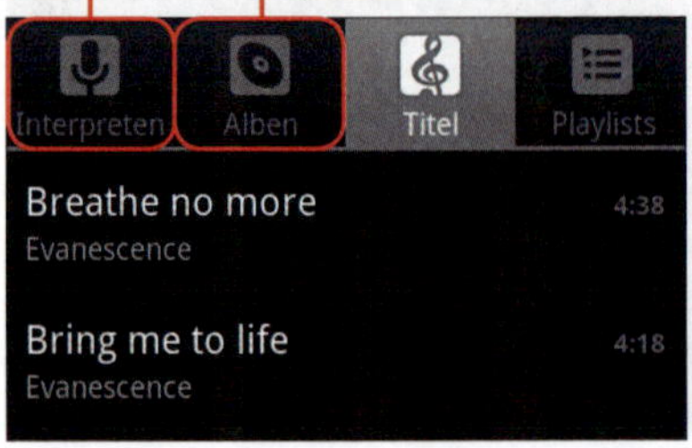

Das Musikstück, das Sie hören möchten,

brauchen Sie dann nur noch mit dem Finger anzutippen.

3 Das Programm zeigt Ihnen daraufhin - soweit vorhanden - das Cover der CD, darunter den Namen des Interpreten, den des Albums und den des Stücks selbst, im Beispiel ●.

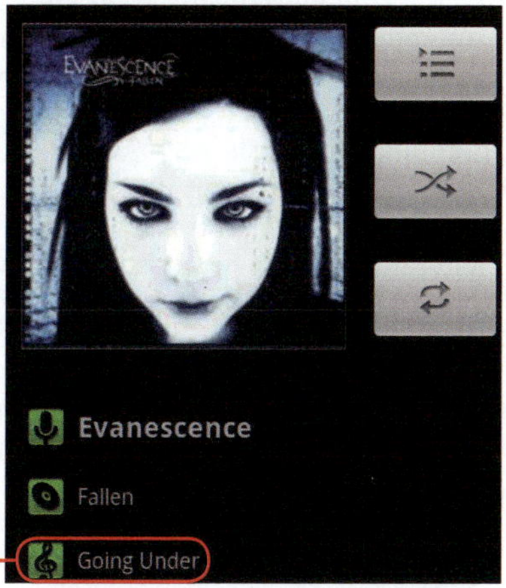

Um die Wiedergabe anzuhalten, tippen Sie auf ❶, um zum vorigen oder zum nächsten Stück zu wechseln, auf ❷ oder ❸.

Hier ❹ sehen Sie die bereits abgelaufene Spielzeit des Stücks, hier ❺ die Gesamtlänge des Stücks.

4 Wenn Sie, ohne die Wiedergabe zu unterbrechen, wieder auf den Startbildschirm wechseln wollen, tippen Sie unter dem Bildschirm Ihres Gerätes einfach auf die Taste ●.

5 Oben am Bildschirmrand zeigt ein kleines Notensymbol an, dass im Hintergrund Musik wiedergegeben wird: ●.

Wischen Sie wieder mit dem Finger von diesem Symbol nach unten über den Bildschirm, und tippen Sie im Menü, das sich hierdurch öffnet, auf den Titel, der gerade wiedergegeben wird: ●.

6 Selbstverständlich lässt sich auch die Lautstärke der Musikwiedergabe ändern. Drücken Sie auf der linken Seite des Android-Gerätes auf das kleine Pluszeichen ●, um sie zu erhöhen, oder auf das kleine Minuszeichen ●, um sie zu verringern.

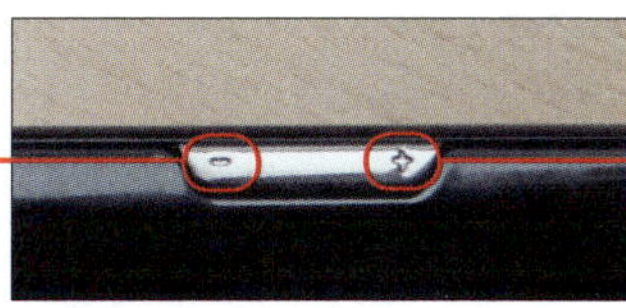

7 Neue Programme vom Android Market

Auch wenn Sie mit den Programmen, die vom Hersteller auf Ihrem Gerät vorinstalliert wurden, schon eine Menge machen können: Der Reiz moderner mobiler Geräte besteht darin, dass sie sich ganz nach Wunsch durch eine Vielzahl von Programmen erweitern lassen. Jede mobile Plattform hat dazu einen eigenen Laden im Internet, aus dem Sie kostenlose oder kostenpflichtige Programme direkt mit Ihrem Gerät herunterladen und installieren können.

Bei Android nennt sich dieser „Android Market". Dort finden Sie ein riesiges Angebot an Anwendungen der verschiedensten Kategorien. Viele davon sind kostenlos oder in einer eingeschränkten Version zum Ausprobieren verfügbar. Nutzen Sie solche Angebote: Probieren geht bekanntlich über Studieren! Auf jeden Fall kann Ihr Android-Gerät mit diesen gezielt von Ihnen ergänzten Programmen tatsächlich zu einem unverzichtbaren Begleiter werden.

Im siebten Kapitel dieses Buches erfahren Sie,

- wie Sie Zugang zum Android Market bekommen,
- wie Sie zusätzliche Programme installieren können
- und wie sich Programme wieder von Ihrem Gerät entfernen lassen.

Kapitel-Wegweiser

Programme installieren

Wer kennt es nicht? Obwohl man schon viele Programme auf seinem mobilen Gerät hat, ist man davon überzeugt, doch noch die eine oder andere spezielle Anwendung dringend zu brauchen. Kein Problem: Android ist so unglaublich erweiterbar, dass Sie garantiert das richtige Programm finden werden. Die Installation ist dann kinderleicht.

Für die folgende Beschreibung wird vorausgesetzt, dass Sie ein Google-Konto eingerichtet haben (siehe Seite 7) und Ihr Gerät eine Verbindung zum Internet hat.

1 Um den Android Market zu laden, tippen Sie mit dem Finger als Erstes auf ●,

dann auf das Symbol ●

und schließlich im geöffneten Startmenü auf

.

2 Der Android Market unterteilt sich in verschiedene Bereiche. Hier ● sehen Sie eine zufällige Auswahl von Programmen. Wischen Sie mit dem Finger nach links oder rechts, um weitere Programme angezeigt zu bekommen. In der Liste ●

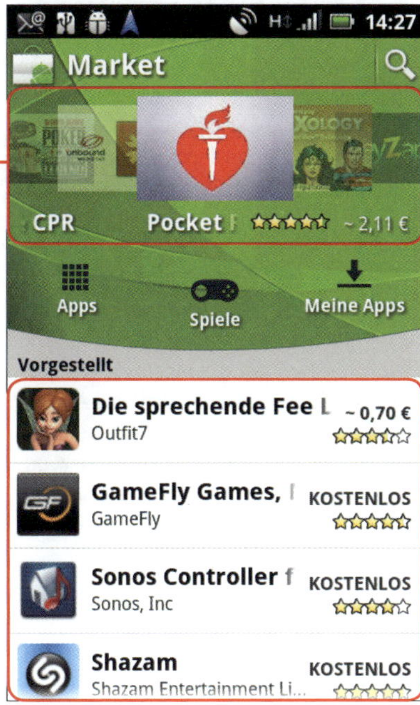

befinden sich Programme, die gerade besonders empfohlen werden. Auch durch diese Liste können Sie wie gewohnt durch Wischen des Fingers navigieren, in diesem Fall aber nach oben oder unten. Wenn Sie ein Programm gefunden haben, das Sie Ihnen gefällt, tippen Sie den Eintrag einfach mit dem Finger an.

Die richtigen Programme finden

Bei Android ist die Auswahl der richtigen Software einfacher als bei manch anderer mobiler Plattform: Es gibt grundsätzlich nur Geräte mit berührungsempfindlichen Bildschirmen und eingebautem Telefon (bei Windows Mobile ist dies beispielsweise anders), sodass Sie normalerweise alle Programme, die Ihnen im Android Market angeboten werden, auch installieren können. Wenn Sie ein Gerät mit Android 3.0 (auch „Honeycomb“ genannt) verwenden, dann funktionieren darauf zumeist auch die älteren Programme. Durch dessen größeren Bildschirm kann es allerdings sein, dass die Programme nicht ganz korrekt dargestellt werden oder gar nicht erst starten. Probieren Sie in einem solchen Fall erst einmal eine Testversion aus, oder kontrollieren Sie, ob in der Produktbeschreibung des Programms etwas von „Android 3.0“ oder „Honeycomb“ erwähnt ist.

3 In der Regel suchen Sie ein bestimmtes Programm und haben gar nicht die Zeit, durch die empfohlenen Programme zu stöbern. In dem Fall tippen Sie mit dem Finger auf

.

Anschließend geben Sie im dafür vorgesehenen Feld über die **Bildschirmtastatur** den Suchbegriff ein, der die gesuchte Applikation am besten beschreibt. Sie suchen eine Wettervorhersage? Dann tippen Sie einfach ein. Unter dem **Eingabefeld** erscheinen daraufhin alle vorformulierten Suchabfragen für den Android Market, die zu Ihrer Eingabe passen. Tippen Sie eine davon an, wenn sie Ihrer Erwartung entspricht. Falls kein Ergebnis vorliegt, das Ihnen genügt, können Sie die Programmbeschreibungen des Android Market durchsuchen, indem Sie auf tippen.

4 Sobald der Android Market seine Suche abgeschlossen hat, werden alle passenden Programme wieder in einer Liste angezeigt. Wie gewohnt bewegen Sie sich durch die Liste, indem Sie mit dem Finger nach oben oder unten wischen. Hier können Sie die Zahl der zutreffenden Programme

sehen. Neben jedem Programm stehen

der Preis und die Bewertung ●,

die durchschnittlich von anderen Benutzern vergeben wurde. Je mehr Sterne ein Programm hat, desto besser finden andere Anwender es. Wenn Sie ein interessantes Programm entdeckt haben, tippen Sie es einfach mit dem Finger an.

5 Der Informationsbildschirm, der sich anschließend öffnet, enthält den Namen des ausgewählten Programms und den der Firma, die es anbietet, sowie eine Beschreibung. Da Letztere meist ein wenig länger ist, tippen Sie einfach auf ●, um diese komplett angezeigt zu bekommen. Zur Installation genügt dann ein Fingertipp auf ●.

Programme abseits des Android Market

Der Android Market ist der zentrale Anlaufpunkt, wenn Sie auf einem Android-Gerät Programme installieren wollen. Entwickler reichen Programme bei Google ein, Google überprüft die Programme auf Fehler und stellt diese nach erfolgreicher Prüfung in den Android Market ein. Dadurch haben Sie eine gewisse Sicherheit, dass im Market erworbene Programme Ihr Gerät nicht durcheinander bringen.
Nichtsdestotrotz gibt es Programme, die Sie im Internet kostenlos herunterladen können, zum Beispiel unter **http://www.androidpit.com/**. Um diese installieren zu können, müssen Sie sie auf Ihrem Gerät jedoch explizit zulassen. Dazu tippen Sie in den Einstellungen auf ●

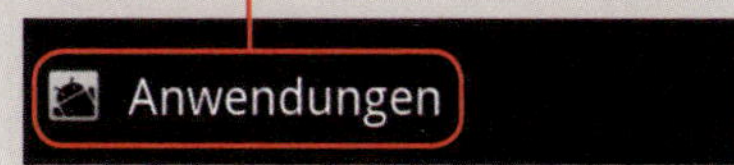

und setzen dann per Fingertipp hier ●

einen Haken. Denken Sie aber daran, dass Programme, die aus dem Internet geladen und installiert werden, immer eine potentielle Gefahr bedeuten!

Sollte ein Programm nicht kostenlos angeboten werden, finden Sie anstatt des „Kostenlos“ den Preis in der Schaltfläche. Sind Sie einverstanden, tippen Sie in dem Fall auf .

6 Google legt Wert darauf, dass Sie vor der Installation eines Programmes genau wissen, welche Funktionen Ihres Gerätes von diesem genutzt werden. Deshalb werden diese vor der Installation auf dem Bildschirm aufgelistet, etwa ,

und müssen durch ein Tippen auf ausdrücklich akzeptiert werden.

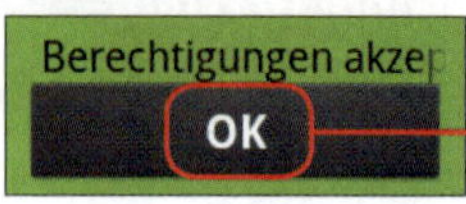

7 Wenn die Applikation kostenpflichtig ist, müssen Sie nun die Zahlungsweise auswählen. Tippen Sie dazu als Erstes auf den Eintrag .

Im sich öffnenden Fenster sind die Kreditkarten, die Sie bereits für Käufe im Android Market verwendet haben, aufgeführt. Beim ersten Kauf ist das Fenster natürlich noch leer. Tippen Sie auf ,

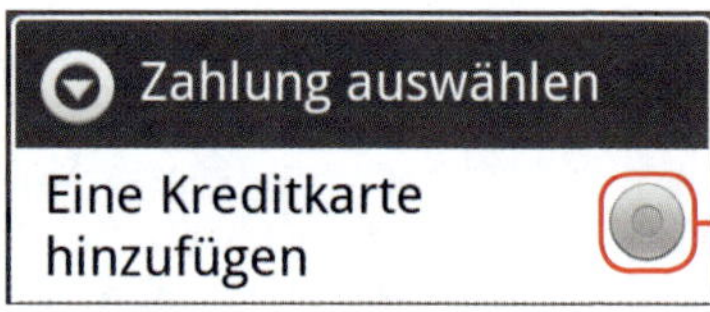

und dann auf

,

um eine neue Kreditkarte hinzuzufügen. Füllen Sie wie gewohnt über die Bildschirmtastatur alle nötigen Felder aus, und tippen Sie zu guter Letzt auf

.

8 Die Anwendung wird danach automatisch heruntergeladen und installiert. Sie erkennen dies im Benachrichtigungsbereich am oberen Ende des Bildschirms an dem kleinen Symbol ●.

Wischen Sie mit dem Finger von diesem Symbol nach unten über den Bildschirm, können Sie in der Übersichtsliste der Benachrichtigungen sehen (siehe Seite 71), wann die Installation abgeschlossen ist: ●.

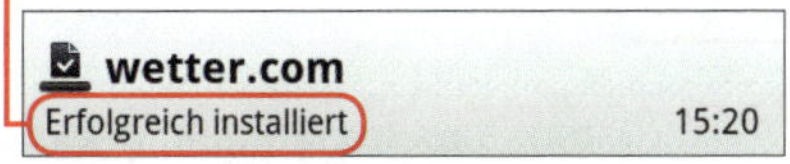

Sie können die neu heruntergeladene Anwendung nun ganz normal über das Startmenü starten. Viel Spaß!

Programme deinstallieren

Aufgrund des beeindruckenden Angebots sammeln sich über kurz oder lang verschiedenste Programme auf dem mobilen Gerät. Beim Testen der verschiedenen Zusatzprogramme kann sich allerdings schnell herausstellen, dass viele davon doch überflüssig sind. Bleiben sie aber installiert, verschwenden sie Speicher – und Speicher ist unterwegs ein rares Gut. Die Lösung: Deinstallieren Sie Programme, die Sie nicht mehr benutzen.

1 Wechseln Sie in die Einstellungen, indem Sie mit dem Finger erst auf ●,

danach auf ●

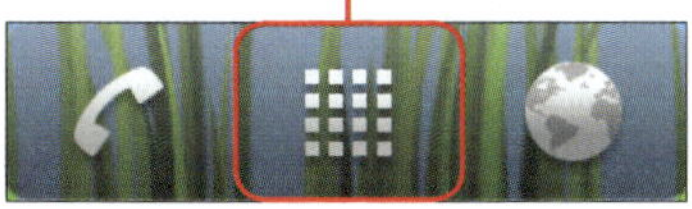

und schließlich auf ● tippen.

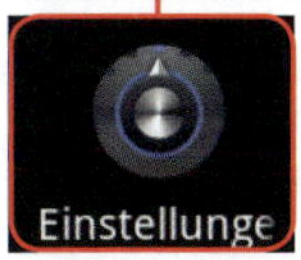

2 Damit Sie eine Deinstallation vornehmen können, folgt in den geöffneten Einstellungen zunächst ein Fingertipp auf ●

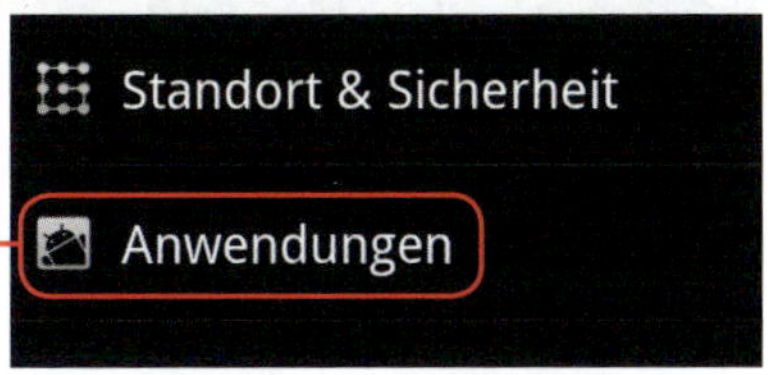

und anschließend auf den Befehl

.

3 Android blendet daraufhin eine Liste aller installierten Programme ein. Tippen Sie das Programm, das deinstalliert werden soll, mit dem Finger an, im Beispiel ●,

und wählen Sie dann (damit das Programm von Ihrem Gerät gelöscht wird) den Befehl ●.

4 Sicher ist sicher: Android fragt Sie vorsorglich noch einmal, ob Sie das Programm tatsächlich löschen wollen: ●.

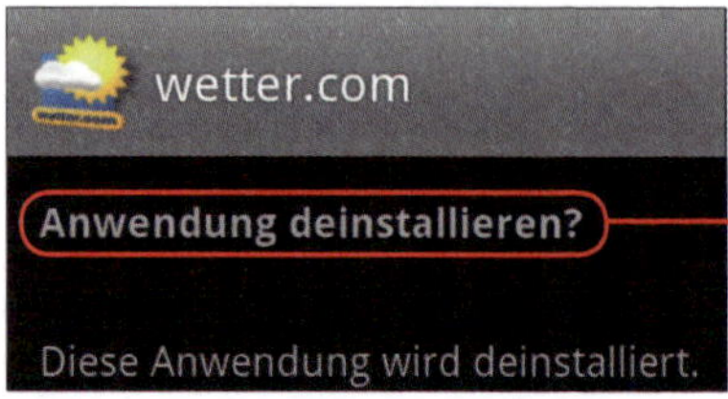

Bestätigen Sie dies per Fingertipp auf

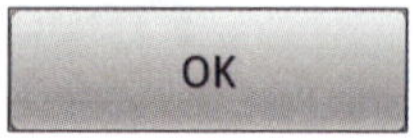

.

5 Das ausgewählte Programm ist nun gelöscht und damit natürlich auch über das Startmenü nicht mehr zu erreichen. Aber keine Sorge: Sollten Sie später feststellen, dass Sie es doch wieder verwenden möchten, laden Sie es einfach erneut aus dem Android Market. Sie müssen den Kaufpreis dann nicht ein weiteres Mal zahlen, denn der Market erkennt, dass Sie es bereits erworben haben.

Was ist eigentlich ...?

Assistent
In vielen Anwendungen sind kleine Hilfsprogramme enthalten, mit deren Unterstützung Sie zum Beispiel ganz einfach Geräte installieren können. Diese „Schritt-für-Schritt"-Hilfen werden Assistenten genannt.

Betriebsprogramm / -system
Darunter versteht man das grundlegende Programm eines Computers, ohne das andere Programme nicht auf dem Rechner gestartet werden können. Das Betriebsprogramm stellt anderen Programmen seine Funktionen zur Verfügung. Da es selbst aus mehreren Einzelprogrammen besteht, wird es oft auch als „Betriebssystem" bezeichnet. Zu den wichtigsten Betriebssystemen zählen Microsoft Windows (derzeit in der Version 7), Linux, Mac OS, Google Android und andere Betriebsprogramme für Smartphones und mobile Geräte, beispielsweise das iPhone und das iPad von Apple.

Bildschirmtastatur
Ein großer Rechner hat eine Tastatur, die derjenigen einer Schreibmaschine sehr ähnlich ist. Auf einem mobilen Gerät ist dafür logischerweise kein Platz. Deshalb wird eine Tastatur dort, sobald eine Eingabe erwartet wird, auf dem Bildschirm dargestellt und kann mit den Fingern oder einem Stift bedient werden.

Was ist eigentlich ...?

Bluetooth
Bluetooth (= „Blauzahn") ist eine drahtlose Technik der Datenübermittlung. Da Bluetooth im Gegensatz zur Infrarotverbindung Radiowellen zur Übertragung nutzt und nur wenig Energie benötigt, wird die Technik häufig in Mobiltelefonen und Taschencomputern verwendet.

Browser
Anderer Begriff für Internetzugriffsprogramm beziehungsweise Internetanzeigeprogramm.

Download
Im → Internet können Sie sich nicht nur Text- oder Bilddateien ansehen, sondern diese auch auf den eigenen Computer speichern. Im → WWW finden Sie Programme, Spiele, Musikstücke, Bilder und Filme. Wenn Sie solche Dateien mit Ihrem Browser aus dem Internet auf Ihren Taschencomputer „herunterholen", spricht man von Download. Teilweise wird dieser Vorgang der Übertragung von Dateien auch als „Überspielen" oder „Herunterladen" bezeichnet. In jedem Fall werden Daten von einem Computer zum anderen übertragen.

Eingabefeld
In Eingabefeldern werden Daten eingetippt. Auch das Adressfeld eines → Browsers ist ein solches Eingabefeld, in

das die Internetadresse eingegeben wird.

E-Mail
Die elektronische Post (= „**E**lectronic **Mail**") hat im → Internet die Funktion der klassischen Post übernommen. Mit einem E-Mail-Programm können Sie Textnachrichten oder Dokumente jeder Art versenden und auch empfangen – und zwar blitzschnell und weltweit.

GPS
Das „**G**lobal **P**ositioning **S**ystem" ist ein satellitengestütztes System zur weltweiten Positionsbestimmung. Die Satelliten befinden sich in einer Umlaufbahn um die Erde und senden ein Signal aus, sodass mit einem geeigneten Empfänger immer der genaue Standort festgestellt werden kann.

Internet / Internetseite
Das Internet ist der weltweite Verbund von Computern über Stand- und Telefonleitungen. Zuerst nur als Verbindung für militärische und wissenschaftliche Zwecke gedacht, entwickelte sich das Internet durch die starke Verbreitung des PCs zu einem globalen Verbund, der – ungeachtet aller politischen und geographischen Grenzen – die Verbindung zwischen Millionen von Menschen herstellt und den Gedankenaustausch und mit ihm den Austausch von Texten, Bildern, Tönen und Filmen fördert. Wie

Was ist eigentlich ...?

eine Zeitschrift ist es in einzelne Seiten aufgeteilt.

Offline / Online
Offline (= „ohne Verbindung") bedeutet, dass der Computer nicht mit dem → Internet verbunden ist. Online (= „in Verbindung") bedeutet, dass der Computer mit dem Internet verbunden ist.

Ordner
Daten- und Programmverzeichnisse werden auch auf dem mobilen Gerät Ordner genannt. In diesen Ordnern werden Dateien und Programme sortiert gespeichert.

PIN
Die PIN, also die persönliche Identifikationsnummer, regelt den Zugang zum Mobilfunknetz: Nur wenn Sie sie richtig eingeben, können Sie auch telefonieren.

Provider
Als Provider (Internetdienstanbieter) wird ein Unternehmen bezeichnet, das den Zugang zum Internet ermöglicht.

Scrollen/Rollen
Als Scrollen wird der Vorgang bezeichnet, bei dem Sie mit dem Stift oder Finger den dargestellten Bereich in der Anzeige mithilfe des Rollbalkens nach oben, unten, links oder rechts verschieben. Auf diese Weise können die Teile

Was ist eigentlich ...?

sichtbar gemacht werden, die nicht ganz in das Bildschirmfenster passen.

Server
Ein Server ist ein Computer, der anderen Computern innerhalb eines Netzwerks seine Dienste zur Verfügung stellt. Im → World Wide Web sind Server die Computer, auf denen die Homepages gespeichert werden.

Speicherkarte
Wie der große Rechner hat jedes mobile Gerät einen eingebauten Speicher, der alle Daten wie Termine, Kontakte, Notizen, Musik etc. aufnimmt. Falls er nicht ausreichen sollte, kann er durch Speicherkarten erweitert werden.

Startbildschirm
Über den Startbildschirm haben Sie Zugriff auf Dateien, Programme und Funktionen Ihres mobilen Gerätes. Er ist die zentrale Oberfläche für die Bedienung des Gerätes.

Was ist eigentlich ...?

Suchmaschine
Eine Suchmaschine durchsucht die unendlichen Weiten des → Internets nach von Ihnen einzugebenden Suchbegriffen und stellt die Seiten, die diese Begriffe enthalten, übersichtlich und sortiert dar. Die bekannteste und wichtigste Suchmaschine im Internet ist Google.

Synchronisation
Wenn verschiedene Datenstände auf unterschiedlichen Geräten abgeglichen werden, spricht man von Synchronisation. Nach erfolgreichem Abschluss sind beide Geräte „synchron", enthalten also exakt dieselben Elemente.

World Wide Web
Das sogenannte **WWW** ist der multimediale Teil des → Internets. Mitunter wird es auch nur als „Web" bezeichnet. Fast immer, wenn vom Internet gesprochen wird, ist dieser multimediale Teil gemeint.

Stichwortverzeichnis

Besuchen Sie uns im Internet:
www.ullstein-taschenbuch.de

Originalausgabe im Ullstein Taschenbuch

E-Mail: buecher@computerbild.de
Umschlaggestaltung: HildenDesign, München / Buch und Werbung, Berlin
Titelabbildung: © Burazin / Masterfile
Satz und Repro: LVD GmbH, Berlin
Druck und Weiterverarbeitung: CPI – Ebner & Spiegel, Ulm
Printed in Germany
ISBN 978-3-548-41319-8